［英］温斯顿·丘吉尔—著　　李国庆等—译

CHURCHILL'S MEMOIRS OF WORLD WAR II

丘吉尔二战回忆录

美国入局

SPM
南方传媒 广东人民出版社
·广州·

图书在版编目（CIP）数据

美国入局 / （英）温斯顿·丘吉尔著；李国庆等译.
广州：广东人民出版社，2024.8. --（丘吉尔二战回忆
录）. -- ISBN 978-7-218-17971-1

Ⅰ. K835.617=5；K152

中国国家版本馆 CIP 数据核字第 2024S28L57 号

QIUJI'ER ERZHAN HUIYILU · MEIGUO RUJU

丘吉尔二战回忆录 · 美国入局

[英] 温斯顿·丘吉尔 著　李国庆等 译　　版权所有　翻印必究

出　版　人：肖风华

责任编辑：范先鋆　唐　芸
责任技编：吴彦斌
封面设计：贾　莹

出版发行：广东人民出版社
地　　址：广州市越秀区大沙头四马路 10 号（邮政编码：510199）
电　　话：（020）85716809（总编室）
传　　真：（020）83289585
网　　址：http://www.gdpph.com
印　　刷：三河市人民印务有限公司
开　　本：787 毫米 × 1092 毫米　1/16
印　　张：11　**字　　数**：158 千
版　　次：2024 年 8 月第 1 版
印　　次：2024 年 8 月第 1 次印刷
定　　价：58.00 元

如发现印装质量问题，影响阅读，请与出版社（020-87712513）联系调换。
售书热线：（020）87717307

《丘吉尔二战回忆录》 译者

（排名不分先后）

李国庆	张　跃	栾伟霞	曾钰婷	刘锡赟	张　妮
李楠楠	汤雪梅	赵荣琛	宋燕青	赖宝滢	张建秀
夏伟凡	王　婷	江　霞	王秋瑶	郑丹铭	姜嘉颖
郭燕青	胡京华	梁　楹	刘婷玉	邓辉敏	李丽枚
郭轶凡	郭伊芸	韩　意	李丹丹	晋丹星	周园园
王瑃珽					

战争时： 意志坚定
战败时： 顽强不屈
胜利时： 宽容敦厚
和平时： 友好亲善

致　谢

　　我应再次向帮助我完成前几卷的各位朋友致谢，他们是：陆军中将亨利·波纳尔爵士、艾伦海军准将、迪金上校、爱德华·马什爵士、丹尼斯·凯利先生和伍德先生。对于审阅过原稿并提出意见的许多其他人士，我也表示谢意。伊斯梅勋爵以及我的其他朋友一直为我提供帮助。承蒙英王陛下政府准予复制某些官方文件的文本，此类文件的王家版权属于英王陛下政府文书局所有，特此致谢。遵照英王陛下政府的要求，为了保密起见，本卷①中所刊载的某些电文曾由我根据原意加以改写。这些更动，并未改变其原有的含义或实质。

---

　　①　原卷名为"伟大的同盟"，现分为《海陆鏖战》《战局扩大》《全方位的争夺》《援苏联美》《同盟的雏形》《美国入局》六册。——编者注

前　言

　　本卷（《海陆鏖战》《战局扩大》《全方位的争夺》《援苏联美》《同盟的雏形》《美国入局》）和其他各卷一样，只是为第二次世界大战这段历史提供史料。这段历史是从英国首相兼任对军事负有特殊责任的国防大臣的角度来叙述的。因为军事问题在很大程度上是直接属于我的职责范围，所以对于英国进行的战役我都谈到并且作了相当详细的叙述。但关于盟国的斗争，除了用作背景铺垫外，则无法一一叙述。为了尽量求得公正，这些战役情况应留给它们本国的历史家，或将来更接近于通史的英国著述去记载。我承认我不可能使这些记载的篇幅比例相同，因此我便力求将我们自己的历史事件写得真实一点。

　　主要线索还是我日常指挥作战和处理英国事务的一系列指令、电报和备忘录。这些全都是原始文件，是随着事件的发展而引用的。因此，与现在事情结束后我可能写出的任何著述相比较，这些文件是更确实可靠的记载，而且，我相信，它们能更确切地说明当时所发生的事件和当时的看法。在这些文件中，虽然包括一些后来证明是不准确的意见和预测，但是我希望通过整个文件可以判断我个人在这次战争中的功过。只有这样，读者才能了解在当时的知识水平的局限下我们必须处理的实际问题。

　　对我函电的答复，往往是政府各部门冗长的备忘录。刊载这些文件，一是篇幅不容许，二是在许多情况下我也确实没有这种权力，因此，我谨慎地尽可能避免对个别的人有所指责。只要有可能，我都是力求对复电进行概括的叙述，但是，总的说来，这里刊用的文件是可以说清楚情况的。

　　我们在本卷中要再一次谈到大规模战争。在苏联前线的战斗中双方投入的师的数量和投入法兰西战役的师的数量相当。在一条比法兰西战线长得多的战线的各个据点上，大量军队进行鏖战，杀戮之多，不是这

1

次战争中其他地区的杀伤情况可以比拟的。对于德国和苏联军队之间的战斗，是作为英国和西方盟国行动的背景才谈到，超过这一点之外恕我无法提及。1941年和1942年苏联的英雄史值得人们进行详细的、冷静的研究，并用英文记述下来。外国人要想叙述苏联人的痛苦与光荣，没有便利的条件，虽然如此，还是应当努力。

希特勒进攻苏联，给这一年里的风风雨雨划上一个句点：在这一年中，大不列颠和它的帝国单独作战，不但没有气馁，还在不断地增强力量。六个月以后，美国受到日本的猛攻，成为我们全心全意的盟国。我们的联合行动，早在我同罗斯福总统的往来函电中就事先打好了基础，因此我们不但可以预测我们作战的方式，而且可以推断我们行动的后果。整个英语世界在作战方面有效的合作和伟大同盟的建立，构成了我这一卷书的结尾。

温斯顿·丘吉尔
于肯特郡，韦斯特勒姆，恰特韦尔庄园
1950 年 1 月 1 日

目录
CONTENTS

第一章

ONE

珍 珠 港!

日本袭击美国——我决定前往华盛顿——总统为回程担忧——英国向日本宣战——议会全体同意宣战——美国灾难之大——菲律宾群岛遭袭——希特勒震惊——商议使用"威尔士亲王"号和"反击"号——冒险之计——缺乏空中援助——菲利普斯海军上将撤退——日本人的致命袭击——一切沉入波涛之下——清晨传来噩耗——艾登先生衔命出访莫斯科

那是 1941 年 12 月 7 日，周日晚间，怀南特、艾夫里尔·哈里曼和我在首相官邸用膳。九点新闻开播后不久，我打开了小型无线电收音机。刚开始播报了几则有关苏联前线和英国在利比亚前线的新闻，末尾处提到日本在夏威夷袭击了美国船只，在荷属东印度群岛袭击了英国船只。随后新闻提示，接下来将会有某某先生做时事点评，然后会开始听众问答环节等等。这些新闻并没有给我留下深刻印象，但艾夫里尔说接下来会有日本袭击美国的消息，于是，我们三个不知疲惫地守在收音机前。管家索耶斯听到了风声，走进房间，告诉我们："是真的，我们在外面亲耳听到，日本袭击了美国。"房间里一片静默。我曾于 11 月 11 日在伦敦市长官邸的午餐会上说过，如果日本进攻美国，英国便会"在一小时内"宣战。我站起来，穿过大厅走进办公室，我请求接通总统电话。大使跟在我后面说道："是不是应该先确认清楚？"他恐怕以为我会做出什么无法挽回的举动。

两三分钟之后，总统的电话接通了。"总统先生，日本一事是真的吗？""是的。"他回答道，"日本袭击了珍珠港，我们现在风雨同舟了。"我把电话递给怀南特，他们说了几句，只听怀南特说道"好，

好"，然后语气俨然严肃起来，叫了声"啊！"我再次接过电话说："现在事情简单了。愿上帝与您同在！"等这类话。我们随后走进大厅，试图整理思绪，以适应这件刚刚发生的世界大事。此事如此骇人听闻，甚至使处于世界中心的人们震惊。我的两位美国朋友表现出的坚强令人钦佩。我们还不知道美国海军损失几何。他们并没有悲叹自己国家处于战争中。事实上，也许还有人认为，他们终于结束了长期的折磨。

*　　*　　*

由于议员们居住分散且交通不便，议会直到周二才举行。我让工作人员打电话给下院议长、国会议员和其他相关人士，要求他们次日出席两院联席会议。我致电外交部，要求他们立即准备一份对日宣战的宣言（其中手续较为烦琐），必须赶在国会开会前完成，并确保通知了所有战时内阁成员、三军参谋长以及陆海空军大臣（我相信他们已经收到消息）。

这事处理完毕之后，我突然想到一件萦绕于心头的大事。于是我致电德瓦莱拉先生：

> 您的机会来了。机不可失，时不再来！再次成为国家英雄吧！我希望与您见面，任何地点皆可。
>
> 　　　　　　　　　　　　　　1941 年 12 月 8 日

我同时还想到了处于水深火热中的中国，于是致电蒋介石：

> 日本袭击了大英帝国和美国。我们一直是朋友，如今我们要同仇敌忾。
>
> 　　　　　　　　　　　　　　1941 年 12 月 8 日

我还发去以下电文：

首相致哈里·霍普金斯先生：

　　在这一历史性的时刻，我们十分挂念您。——温斯顿、艾夫里尔。

　　　　　　　　　　　　　　　　　1941 年 12 月 8 日

*　　*　　*

　　如果我说很高兴能有美国加入我们这边，应该没有美国人会反对。我无法预言未来之事，也不想假装自己对日本兵力了如指掌，但是我知道，此时美国已经加入战争，并会全力以赴、奋战到底。所以，我们终究还是胜利了！是的，在敦刻尔克大撤退之后，在法国沦陷之后，在奥兰阴影之后，在入侵威胁笼罩英国之后（当时我们除了空军和海军，一无所有），在与潜艇生死搏斗之后（险些输掉的第一次大西洋战役），在十七个月孤军奋战之后，在十九个月的煎熬中，我们终于胜利了。英格兰不会覆灭，不列颠不会覆灭，联邦和大英帝国不会覆灭。这场战争何时结束、以何种方式结束，无人知晓，我此时也不以为意。在英国悠悠历史长河中，尽管我们遍体鳞伤，但最后都能够化险为夷、取得胜利。英国不会出局。英国的历史不会就此终结。英国即使孤立无援也不会灭亡。希特勒的命运已定。墨索里尼的气数已绝。至于日本，它将粉身碎骨。残余力量也不过是狐假虎威。英国、苏联和美国勠力同心、生死与共，据我所见，三国的力量远超过敌人两倍或三倍。无疑，这将会是一个漫长的过程。我预测东方国家可能会遭受重创，但这只是暂时的。只要我们团结起来，就可以战胜一切。前方道路险阻、荆棘丛生，但结局定是完满美好。

　　愚蠢的人（不在少数且不仅敌国有）可能会小觑美国的实力。有人说美国软弱，也有人说美国一点也不团结。有人认为，美国人只会在远处观望，绝不会团结一心，他们经不起流血。美国的民主和定期选举制度将会让他们的努力瘫痪。不管在敌人还是朋友眼中，美国永远只是天边模糊的一个点。现在我们可以看看，这个人数众多却远在天边、富有且健谈的民族到底有哪些缺点。不过，我曾经研究过美国内战，他们奋战到最后一刻，他们的热血奋斗也曾令我激动不已。我想起爱德华·格雷在三十多年前跟我说过的一番话——美国就像一个"大锅炉。一旦炉下的火被点燃，它所能释放的能量将是无穷的"。于是，带着满腔的激动和感动，我上床休息了，那晚睡了个好觉，仿佛得到了拯救，感到无比欣慰。

*   *   *

清晨醒来，我决定马上前去会晤罗斯福总统。中午同内阁开会时我便提出这一请求，内阁应允之后，我便上书国王。

陛下：

我决定立即前往华盛顿，这是我的责任，当然前提是总统应允（我相信他定会答应）。英美共同抵抗和共同作战的计划须实事求是。我们还需留意，要确保美国给予我们的弹药等援助尽量少受到干扰。我访问华盛顿时，艾登先生应该已经抵达莫斯科，这样更有利于解决三大同盟国间的一些重大问题。

我已向内阁陈述理由，内阁一致同意，现在我请求您允许我出访美国。我打算尽快乘军舰启程，访问将为期三周。此次随从人员的规模与大西洋会议一样。

在我出行间，掌玺大臣将会接替我的职务，并辅以枢密院长、财政大臣和战时内阁的其他成员。我预备让海陆空三位大臣在此期间暂列战时内阁。外交部向枢密院长汇报工作，国防委员会向掌玺大臣汇报工作。当然，我会随时与国内保持联络，并在必要时做出决策。我会携第一海务大臣和

空军参谋长出国，因为此次同美国的高层协商十分重要。

希望陛下能够准许。此次行程定会保密。

望尽我微薄之力效忠。

您的忠实臣仆

温斯顿·丘吉尔

1941 年 12 月 8 日

附注：我预料德国和意大利将按照条约对美国宣战。我会待形势更加明朗一点再拜访总统。

国王对此表示同意。

前海军人员致罗斯福总统：

1. 非常感谢您于 12 月 8 日的来电。既然英美两国如您所言"同舟共济"，我们两国是否应再次举行会议？我们应该实事求是地审视战况，并就生产和分配问题展开讨论。我相信，所有问题（有些问题让我着实头疼）经过两国高层的商讨都会迎刃而解。而且，我十分高兴能够再次与您相见，此次访问应越快越好。

2. 如您需要，我将于一两日内动身，搭乘战舰前往巴尔的摩或安纳波利斯。往返航程将需要八天，此次访问为期一周，待处理好一切事宜再返回英国。我将携庞德、波特尔、迪尔、比弗布鲁克等重要官员前往。

3. 请尽快告知我您的看法。

1941 年 12 月 9 日

总统担心我的返程有危险。我致电请他放心。

前海军人员致罗斯福总统：

我们认为返程不会非常危险。相反，如果两国高层未就

海军局势以及生产、分配等问题进行商讨，这才会招致危险。
我准备与您在百慕大会晤，或从百慕大飞往华盛顿与您见面。
局势越来越危险，尤其是太平洋战况堪忧，我认为我们不能
再等上一个月，否则只能是坐以待毙。我本希望明晚就出发，
但最终决定获知您的会晤地点再启程。我从未对胜利有如此
大的信心，但是只有我们齐心协力才能够大获全胜。

1941 年 12 月 10 日

次日，我又收到总统来电。他说他很高兴我能够前往白宫。他认
为此时此刻他无法离开美国。动员工作已经展开，但太平洋的海军局
势还不确定。他坚信，我们两国能够解决有关生产和供给的所有问题。
他再次强调我的旅途之危险，望我再三考虑。

＊　　　＊　　　＊

战时内阁已经批准立即对日本宣战，一切都安排妥当。因艾登已经
启程前往莫斯科，故由我负责外交事务，我向日本大使送交以下信件：

12 月 7 日晚，英王陛下政府得知，日本既未宣战也未以
宣战为条件发出最后通牒，试图在马来亚沿岸登陆并轰炸了
新加坡和香港。

由于日本擅自发动进攻，公然违背双方均已签署的国际
法，尤其是第三次海牙条约第一条的规定（有关敌对行动），
因此，英国驻日本大使已受命以英王陛下政府的名义通知日
本帝国政府，两国已处于战争状态。

致以崇高的敬意。

温斯顿・丘吉尔先生
外交部
12 月 8 日

有些人不喜欢这种客套。但欲取其命，客套一些也无妨。

＊　　　＊　　　＊

国会于下午三点召开，尽管通知开会的时间短促，但大家都准时与会，国会大厅座无虚席。根据英国宪法，国王在听取大臣意见之后选择宣战，国会负责听取事实。因此，我们成功地履行了对美国的诺言，并在美国国会采取行动前就对日本宣战。荷兰王国政府也对日宣战。我在演讲中如是说道：

> 我们万万不可小觑英国和美国面前的危险，这一点十分重要。日本的大胆袭击可能出自莽撞轻率，也可能是实力使然。英语国家和我们的苏联同盟所面临的考验严酷艰险，而且初期困难、过程持久。然而，环顾世界大局，我们的事业之正义、实力之强大、意志之坚定不容置喙。
>
> 全世界五分之四的人口与我们齐心协力。我们要对世人的安全和未来负责。昔日的烛火之光和今日的冉冉雄火必能照亮明日的汪洋大海。

上下两院一致投票赞成这项决定。

＊　　　＊　　　＊

我认为如今有必要任命已返回新加坡的达夫·库珀先生为远东事务常驻大臣。

首相致达夫·库珀先生：

1. 您如今已被任命为新加坡常驻内阁大臣，负责远东事务。您将通过战时内阁秘书服务于战时内阁，并向战时内阁

汇报。您被授权成立军事参议院，并要汇报参议院的组成结构及所涉及领域。所涉及领域可能与军事总司令管辖范围相差无几。您的主要任务是通过以下两种方法助力远东的军事行动：（1）尽可能减轻身负重担的总司令的额外压力；（2）给予他们明确的政治指导。

2. 您的职责还包括，在没有足够时间请示国内时，您要处理区域内的紧急事务。为了避免向各部门请示的烦琐手续，您可在当地设立机构以便迅速处理日常细小事务。对于需要特别指示的事宜，如果时间允许，请向国内请示。请您务必持续向国王陛下政府汇报工作。

3. 虽然奥利弗·利特尔顿上尉被任命为驻开罗的国务大臣，但这并不影响国王陛下所派代表的职责，也不影响代表们与国内各部门的关系，这是规定。同理，远东也应如此。这个机构能否形成，有赖于您在关键时期的运筹帷幄。

4. 据您对各公共部门和内阁办事流程的了解，您应当能够对远东事务施以有力、及时的影响。一旦您制定出详细计划、确定任命形式和负责领域，请立即致电于我。祝您好运。

1941 年 12 月 9 日

达夫·库珀对新的职责满怀信心，但遗憾的是，由于英美两国的华盛顿会议已经对远东最高司令做出安排，导致他的职位略显多余。于是，两周过后，我召他回国。很遗憾，达夫·库珀未能继续效力。

*　　*　　*

我们一度未被告知珍珠港事件的任何细节，但现在整个事件已经都被详尽地记录下来了。

直到 1941 年初，日本对美国的作战计划是，当美国企图打通太平洋航道来解救该地的卫戍部队时，日本便乘其不备在菲律宾附近以主力舰队攻击美国。偷袭珍珠港的想法由日本海军总司令山本大将提出。此次毫无征兆的偷袭奸诈无比，其准备工作一直处于高度保密状态。11 月 22 日，日本的六艘航空母舰以及由战列舰和巡洋舰组成的支援部队集中在一处人迹罕至的停泊地，该停泊地位于日本本土以北的千岛群岛。袭击时间已经定在 12 月 7 日，星期日。11 月 26 日（东京日期），日本的舰队在南云海军大将的率领下出发。由于北纬地带雾浓风疾，而且舰队距夏威夷北部较远，因此南云能够悄然接近目标而未被察觉。12 月 7 日，天还没亮，日本从距离珍珠港北部两百七十五英里处发动袭击。共计三百六十架飞机投入战斗，包括由战斗机掩护的各种类型的轰炸机。清晨七点五十五分，日本投下了第一颗炸弹。当时美国海军有九十四艘船只停泊在港口，其中太平洋舰队中的八艘战列舰是日军的主要攻击目标。幸而美国的航空母舰和其强大的巡洋舰去执行别的任务，不在现场，逃过了一劫。

珍珠港事件多次被记载在册，并被描述得栩栩如生。我在此只陈述重要事实，记录日本空军的残忍行径。上午八点二十五分，第一波鱼雷和俯冲轰炸机完成轰炸。截至上午十点，袭击结束，敌军撤退。敌人背后留下的是滚滚浓烟和废墟残骸，以及美国人的复仇之心。"亚利桑那"号中弹爆炸，"俄克拉荷马"号倾覆，"西弗吉尼亚"号和"加利福尼亚"号在停泊处沉没，除位于干船坞的"宾夕法尼亚"号外，其余所有战舰都遭到重创。两千多名美国人丧生，另有两千多人受伤。日本掌控了太平洋，世界力量对比暂时发生了根本性的变化。

*　　*　　*

我们的盟友美国真是祸不单行。

11 月 20 日，在菲律宾的麦克阿瑟将军收到了有关重大外交关系转变的警告。哈特海军上将指挥的军队实力有限，他已经同临近的英国和荷兰海军当局进行过磋商，于是根据其作战计划，他开始把兵力向南转移，因为他准备跟未来盟友联合在荷属海域集结一支兵力。但

他可以调度的船只除了一些老旧的驱逐舰和其他辅助舰外，只有一艘重型巡洋舰和两艘轻型巡洋舰。他的兵力主要是那二十八艘潜艇。12月8日凌晨三点，哈特海军上将从截获的信件中得知珍珠港事件这一骇人消息。于是，他没有等待华盛顿方面确认，就立即通知所有相关人员战役已经打响。黎明时分，日军俯冲轰炸机来袭，接下来几日，空袭规模不断加大。10日，卡维特海军基地完全付之一炬。同日，日军首次登陆吕宋岛北部。灾难迅速加剧。大部分美国空军战机都在战斗中或在地面上被击毁，到12月20日，幸存下来的空军被迫撤到澳大利亚的达尔文港。哈特海军上将几日前已经开始向南转移船只，只留下潜艇与敌人作战。12月21日，日本侵略部队在林加延湾登陆，直接威胁马尼拉。此后，事态的发展与马来亚如出一辙，但是防御时间更久。

就这样，日本酝酿已久的计划终于成功。但这并非终结。

＊　　　＊　　　＊

日本驻德国大使在信件中谈到跟里宾特洛甫会面的情形。

珍珠港事件爆发后的次日中午一点，我拜访了外交部部长里宾特洛甫，告知他我们希望德国和意大利能够立即正式向美国宣战。里宾特洛甫回复称，希特勒目前正在（东普鲁士）总部召开会议，讨论宣战步骤以期给德国民众留下好印象。他还称会把我的意愿转达给希特勒，尽力帮助我实现意愿。

希特勒和其同僚都对珍珠港事件大为震惊。约德尔在受审时说道："希特勒半夜来海图室告知我和凯特尔元帅此事。他十分震惊。"然而，12月8日清晨，他下令德国海军袭击任何被发现的美国船只。三天之后，德国正式向美国宣战。

*　　*　　*

9日晚上十点，我在内阁的作战室召开了会议。与会者共有十二人，主要是海军部官员，我们试图衡量这场对日战争造成力量发生根本转变所带来的后果。除大西洋外，我们已经失掉了所有海洋控制权。敌人攻击澳大利亚、新西兰以及其他重要岛屿简直易如反掌。我们手中只剩唯一的重要武器。"威尔士亲王"号和"反击"号已经抵达新加坡，它们的主要任务是利用敌明我暗的优势来威胁敌军船只。我们应当如何使用它们呢？显然，它们必须出海并隐没在茫茫岛屿之中。这一点我们达成了一致。

我认为"威尔士亲王"号和"反击"号应该穿越太平洋跟美国残余军舰会合。这体现出了我们的慷慨仁义，也会促进英语国家的团结。我们已真心同意美国海军部把主力舰从大西洋撤离。这样一来，美国西海岸就有一支舰队，以备不时之需。这支舰队便成为我们的澳大利亚等同胞兄弟的最好掩护。我们对于这一想法颇感兴趣。但由于天色已晚，我们决定第二天再解决如何使用这两艘战舰的问题。

但几个小时后，这两艘战舰都沉入了汪洋大海之中。

*　　*　　*

这两艘战舰之所以这么不幸，主要是因为运气不好，现在必须加以叙述。

"威尔士亲王"号和"反击"号于12月2日抵达新加坡。12月5日，汤姆·菲利普斯海军上将飞抵马尼拉，跟麦克阿瑟将军和哈特上将商讨联合行动事宜。哈特上将同意让四艘美国驱逐舰加入菲利普斯舰队。两位海军上将都认为，新加坡和马尼拉不适合作为联合舰队的基地。次日，消息传来，一支庞大的日本海军部队已经进入暹罗湾。显然，决定胜负的时刻即将来临。菲利普斯将军于7日清晨返回新加坡。8 日午夜过后，有消息称日本正在哥打巴鲁登陆，不久又报，宋卡和北大年附近也有敌军在进行登陆。敌人对马来亚的大规模入侵行动已经开始。①

菲利普斯上将认为应当在敌人登陆时对其展开进攻。在高级将领会议上，大家一致认为，海军不能在这关键时刻置身事外。菲利普斯把自己的意图告知了海军部。他要求新加坡空军司令部调遣战斗机前往我们的北部机场，并要求本就势单力薄的英国空军提供最大的援助，即 12 月 9 日，在其飞行中队以北一百英里处进行侦察；12 月 10 日白天在宋卡一带进行侦察；12 月 10 日清晨让战斗机在宋卡一带进行掩护。英国无法提供最后一项援助，首先因为新加坡可能会受到攻击，第二因为北部机场还不稳固。这项指令传达给他时，海军上将已于 8 日下午五点三十五分率领"威尔士亲王"号、"反击"号以及"伊列克拉特"号、"特快"号、"吸血鬼"号和"坦尼多斯"号启航。随后又传来警告消息称，日本大量轰炸机在印度支那南部驻扎。由于暴风雨频繁和低压云层不利于飞机行动，菲利普斯决定继续航行。9 日晚，天气放晴，他很快发现自己正被敌军飞机跟踪。突袭已经没有希望了，而且宋卡附近可能会于次日清晨遭到猛烈的空袭。因此，菲利普斯将军不得不放弃了大胆的计划，并于夜间返回基地。他的确已经尽力了，而且一切本已安然无事。但是午夜时分不幸降临，有消息称敌军另一支部队正在距离哥打巴鲁以南一百五十英里的关丹登陆。菲利普斯上将认为，既然敌军最后窥视到他的军队向北航行，那么敌人肯定预料不到他的军队能够在 10 日白天出现在南边。他很想完成突袭，于是他冒着风险带领舰队驶向关丹。

---

① 　日本在马来亚和远东的袭击是在袭击珍珠港的几小时以内发生的。由于各地区所用时间不同，这就不易看出来。下表表明与格林尼治时间相对照的事件发生次序。

事件	当地时间	格林尼治时间
第一次在马来亚登陆	12 月 8 日中午 12:25	12 月 7 日下午 4:55
袭击珍珠港	12 月 7 日上午 8:00	12 月 7 日下午 6:30
第一次空袭菲律宾群岛	12 月 8 日黎明	12 月 7 日晚上 9:00
第一次空袭香港	12 月 8 日上午 8:00	12 月 7 日晚上 11:30

　　日本的记录并未显示空军在 9 日侦察到了英国海军舰队，但潜艇曾汇报称在下午两点观察到海军舰队向北驶去。日本第二十二航空队的基地位于西贡，当时正在装载炸弹准备攻击新加坡。他们立即把炸弹换成鱼雷，并决定夜袭英国舰只。但他们却一无所获，于是午夜返回基地。10 日黎明之前，日本潜艇报告，英国舰队正向南航行，清晨六点，由九架日本飞机组成的搜索队出发，一小时后，由八十四架俯冲轰炸机和鱼雷轰炸机组成的袭击队启程，每支袭击队约九架飞机，力量十分强大。

　　敌军登陆关丹的消息后来证实是假的，但是新加坡方面未能及时发送更正信息，导致海军上将仍旧满怀期待。天亮后，驱逐舰"特快"号抵达港口，却没有发现敌人的踪迹。在继续向南航行之前，舰队找到了一艘曾经侦察到的拖轮和别的小潜艇。但是此时，危机正在逼近，舰队在劫难逃。日本空军在新加坡以南没有任何发现，于是它向北航行准备返回基地，但正是在返程途中发现了它的目标。

　　上午十点二十分，"威尔士亲王"号观察到一架飞机正在跟踪。十一点之后，第一批轰炸机来袭。敌军接连分批轰炸。刚开始，"反击"号因中弹而起火，但火势很快被控制住，航行速度并未受到影响。随后，"威尔士亲王"号同时受到两枚鱼雷的袭击，舰体受损严重，并开始渗水。舰只的两个螺旋桨受损，整艘舰已经失控。在此次袭击中，"反击"号未被击中。几分钟后，另一批轰炸机逼近，它再次逃过一劫。此时，舰队已分散，因此坦南特舰长向新加坡发出紧急信号，报告"敌军飞机正在轰炸"，然后指挥"反击"号驶向海军上将的舰只。

　　下午十二点二十二分，两艘舰都遭到致命的袭击。"反击"号虽成功躲避了鱼雷，但随后舰中部被击中。此后不久，在另一次袭击中，一枚鱼雷击中了操舵设备，很快，接连又有三枚鱼雷命中目标。坦南特舰长意识到他们已凶多吉少，于是他迅速命令所有官兵在甲板集合，这一及时的行动无疑拯救了许多生命。下午十二点三十三分，"反击"号倾覆。下午十二点二十三分，"威尔士亲王"号先被两枚鱼雷击中，

后又被一枚鱼雷击中。舰只的速度减到八海里，很快便有倾覆之势。在随后的一轮轰炸中，"威尔士亲王"号中弹，于下午一点二十分沉没。在几艘驱逐舰的救援下，三千多名官兵中有两千多人幸免于难。汤姆·菲利普斯海军上将以及约翰·利希旗舰舰长都因公殉职。

三军参谋长质问为何新加坡没有及时派出战斗机支援，后经证实，菲利普斯海军上将 9 日并未致电告知他已改变计划，一直保持无线电静默。所以，直到 10 日上午坦南特舰长发送紧急信号，新加坡方面才知道舰队的处境，于是立即派出战斗机。但为时已晚，只能眼睁睁看着舰只沉没。

我们在评判菲利普斯上将的行为时必须注意，菲利普斯的判断的确有理有据，他认为英国在关丹地区的行动不会受敌军鱼雷攻击（该攻击为他心头大患），所以只需应对撤退时的远距离袭击。从西贡机场到关丹地区有四百英里，此前敌军没有在这一范围内进行过鱼雷轰炸。此时，英国和美国大大低估了日本的空军力量。

*　　*　　*

10 日，我正在开箱子的时候，床边电话响起。电话来自第一海务大臣。他先咳嗽了几声，声音有点哽咽，我刚开始没有听清。"首相，我不得不跟您说，'威尔士亲王'号和'反击'号被日本人击沉，我们猜测是日军飞机所为。汤姆·菲利普斯已牺牲。""消息确切？""确切无疑。"于是我挂断电话。幸好当时我是独自一人。开战以来，我都没受到过如此大的打击。读者们应该知晓英国为这两艘舰投入了多少人力、物力，寄予了多少希望。我在床上辗转反侧，满脑子都是舰只沉没的噩耗。除了幸免于珍珠港事件中的几艘美国舰只（它们正返回加利福尼亚），印度洋或太平洋上再也没有英国或美国主力舰只。如今，日本成为这片广大水域的统治者，我们势单力薄、毫无防御。

上午十一点，下议院准备开会时，我前往下议院亲口将噩耗告知议员们：

今天我要向大家宣布一个不幸的消息。我们收到新加坡方面的汇报，英国军舰"威尔士亲王"号和"反击"号在马来亚抗击日军时不幸被击沉。除了日本官方公报宣布其空军击毁了两艘英国舰船之外，目前没有获悉任何详细情形。

另外，下次召开下议院会议时，我会就整个战争局势发表简短陈述。我们的战争在过去一段时间里发生了重大变化，我会囊括各方观点，不管是积极的还是消极的。

* * *

此时，14 日出访美国的计划正在秘密筹备。其间的九十六个小时事务纷繁。11 日，我必须就新形势对下议院做出详尽的说明。利比亚战争耽搁已久、悬而未决，人们感到担心、不满。日本可能会给我们以重创，对此我不想隐瞒。苏联战场捷报频传证明希特勒东进的计划是错误的，苏联的寒冬更是让敌人尝尽苦头。潜艇战暂时已在控制中，因此我们的损失大大降低。最后，全世界五分之四的人口与我们并肩作战。胜利必定属于我们。基于此，我发表了演讲。

我平静地陈述了事实，没有过早地承诺战争胜利。结尾处我如是说道：

当然，我不应当来讨论远东和太平洋的局势以及应对措施。我们可能会遭受严厉的惩罚，但我们会竭尽全力跟美国和荷兰合作来保卫国家。英国和美国的海军实力从过去到现在一直都远超过轴心国联合的力量。不过，我们绝不能小觑马来亚和夏威夷之损失，不能小觑这个袭击我们的新敌人的力量，也不能低估在远东创建、整编一支强大军队所需的时间，这支远东力量对于取得胜利至关重要。

前方道路险阻，每个人都要斗志昂扬。正如我所说，我们必须信守承诺，继续给苏联提供援助，同时，我们必须做好心理准备，在接下来几个月里，美国给我们提供的帮助会有所减少。这些空缺只有通过我们自己才能够弥补。然而，我绝不怀疑一亿三千万美国人与我们同舟共济的决心，一旦美国人民下定决心（我相信他们一定会），那么弹药和供给就会源源不断地供应，远超过之前的数量。不仅大英帝国为生存而战，美国、苏联和中国都在为生存而战。这四股力量背后寄予了欧洲诸国的希望，它们惨遭列强蹂躏、践踏。我前些天曾说过，世界五分之四的人口与我们站在统一战线上，可能还说少了。这帮恶棍匪徒拉帮结伙、勾结党派，无恶不作。如果我们不教训他们一番（必会被载入史册），简直给我们这一代蒙羞。

下议院一片沉寂，似乎暂时不愿加以评判。我对他们没有更多奢望。

* * *

12月7日至8日晚，传来珍珠港事件的消息时，艾登先生已经从斯卡帕湾启程前往莫斯科。我本可以让他折返回来，但我认为艾登先生的使命此时更加要紧。苏日关系改变、美国调整对英苏两国的弹药供给，这些都产生了许多微妙的问题。内阁也同意这种观点。艾登先生继续航行，我则及时告知他消息。要说的消息实在太多。

首相致艾登先生：

1. 自您走后发生了许多事。第一，美国夏威夷遭受重大灾难，如今太平洋上只有两艘战列舰对峙日本的十艘战列舰。美国正在从大西洋抽调战列舰。第二，根据美国线报，日本在称霸海洋之后很可能在马来亚和整个远东袭击我们。第三，意大利和德国肯定会向美国宣战。第四，苏联在列宁格勒、莫斯

科、库尔斯克和南方都取得了胜利。面对冰冷的天气和不断强大的苏联军队，大部分德国军队处于防御状态或正在撤退。第五，据奥金莱克汇报，利比亚战局有了很大的转变，但我们这个第二战场仍面临着激战。第六，马来亚急需中东飞机支援。

2. 鉴于以上情况，您不应在目前提出提供十个中队的建议。一切随美国供给的改变而改变，在我抵达美国前我无法判断我们目前的地位。

3. 望您诸事顺利。国内一切都好。

1941 年 12 月 10 日

当我登船时，我再次给他发去电报：

首相致艾登先生：

"威尔士亲王"号和"反击"号的覆灭以及珍珠港惨剧让日本得以称霸太平洋。他们可以利用任何一支舰队在任何地点进行海面袭击。幸运的是，海面宽广而日本人能够使用的军力有限。我们认为日本可能进攻菲律宾、新加坡和缅甸公路。英国和美国需要制造新战舰，因此重新夺回制海权要花费数月。在太平洋灾难和珍珠港事件之后，美国目前禁运一切物资。我纵然希望能够放宽限制，但是目前苏联大胜而英国遭遇不测，我们无法承诺供应更多的物资。您应当告诉苏联，我们的东方战场需要许多飞机，因此飞机对我们来说也十分紧缺。另外，美国加入战争弥补了一切，时间和耐心定能带来胜利……

我刚启程。

1941 年 12 月 12 日

TWO

大战期间的航行

乘坐"约克公爵"号启程——应当要求苏联对日宣战吗？——艾登先生跟斯大林和莫洛托夫会谈——斯大林对战后安排的看法——苏联对波罗的海国家提出要求——莫斯科会谈继续深入——我们与维希政府的关系——日本登陆马来亚——达夫·库珀的劝告和我的信念——隆美尔撤退到阿杰达比亚和阿盖拉——德国空军返回地中海——担忧美国的政策

此时伦敦发生了许多大事，急需我回去处理。但英美之间的相互谅解高于一切，而且我必须立即率领现有的最强团队前往华盛顿，这一点毋庸置疑。据说这个季节乘坐飞机飞往美国风险较大，因此，我们在12日前往克莱德河。"威尔士亲王"号不复存在。"英王乔治五世"号正监视着"提尔皮茨"号。新建的"约克公爵"号可以护送我们，同时也能逐渐发挥它最大的效能。我们团队的主力有战时内阁成员比弗布鲁克勋爵、第一海务大臣庞德海军上将、空军参谋长波特尔空军中将、帝国总参谋长迪尔元帅（暂时被布鲁克将军接替）。我让布鲁克将军留在伦敦，以便掌握一些重大问题的信息，让迪尔取而代之跟随我前往华盛顿，迪尔了解我们的内情、受大家信赖和尊敬，很多问题需要他去解决。

随行的还有查尔斯·威尔逊爵士，他自1941年以来一直是我的健康顾问。这是他第一次随我出行，但此后的每次出访他都与我同行。我能够活着多半要归功于他无微不至的照料。他生病时不听从我的劝告，我也不全遵照他的指示，但我们却成为彼此的好友，而且，我们俩都活下来了。

考虑到要曲折前行以避开德国潜艇，所以我们希望能以平均二十海里的速度在七天内完成整个航行。按照海军部制定的路线，我们沿爱尔兰海峡而下，进入比斯开湾。天气不佳，海面风大浪大，天空乌云密布。德国潜艇频繁出没于法国西部港口到大西洋搜索区域之间，而我们必须得横跨这一区域。德国潜艇如此之多，以至于海军部下令不得将小舰队抛在后面；但是小舰队在大浪中的速度不能超过六海里，于是我们在爱尔兰南部附近低速航行了四十八小时。我们通过了离布雷斯特不到四百英里的地区，这让我不禁想起上周"威尔士亲王"号和"反击"号被鱼雷轰炸机摧毁的情形。云层太厚，我们的护航飞机很难同我们会合，除偶尔有一架飞机外，但当我走上舰桥时，我看到天空不合时宜地放晴了。不过，好在无事发生，一切顺利。这艘巨舰和护航的驱逐舰缓慢前行。但这速度实在太慢，让人不耐烦。第二日晚，我们来到了德国潜艇出没的海域。庞德海军上将说我们撞上潜艇的概率比被潜艇鱼雷击中的概率要大。当夜一片漆黑。所以我们丢下护航舰队独自以最快的速度在大风大浪中穿过该区域。我们把舱口封得严严实实，巨浪拍打着甲板。比弗布鲁克勋爵抱怨道，这简直跟乘坐潜艇一样。

　　我们的大批译电人员能够通过无线电接收大量消息。我们也能够回复部分电报。新一批来自亚速尔群岛的护航舰队加入我们之后，它们可以在白天接收我们用摩尔斯密码写成的密电，并在一百英里开外的位置把密电发送出去同时不暴露我们的位置。尽管如此，我们还是害怕无线电没有信号——毕竟我们身处世界大战之中。

＊　　　＊　　　＊

　　我们在旅途中也考虑着所有的问题。我的思绪与同在海上的外交大臣一起，虽然我和他出使的方向相反。当务之急是要求苏联政府向日本宣战。我已经向艾登先生发去电报：

首相致外交大臣：

　　您在出发之前问过三军参谋长，苏联对日本宣战是否对我们有利。三军参谋长意见如下：苏联对日宣战对我们有巨大好处，但当且仅当苏联有信心在目前和明年春天都可以稳定西部战场的情况下。

1941 年 12 月 12 日

三军参谋长给出了赞成和反对的详细理由。两相对比后，他们强调目前的重中之重是防止苏联西部战线的崩塌。

我继续写道：

　　如果你们讨论后认为苏联愿意向日本宣战，那么你们可以考虑让美国而非英国督促苏联宣战。

艾登抵达莫斯科后，我又给他写了一句附言，我补充道：

　　美国、中国和澳大利亚（我预料）都强烈希望苏联对日本宣战，如果斯大林有意愿对日宣战，您切不可阻挠。鉴于我们对苏联帮助甚少，还是不要对苏联施加压力为好。

次日，我又续电：

　　苏联前线的胜利可能让斯大林有意对日本宣战。当前局面对我们日渐有利，您应当拿捏好对苏联施加压力的尺度。

在航程中，我收到了艾登先生的一系列电报，他刚刚抵达莫斯科就面临着许多问题，他阐述了苏联对这些问题的看法。

他自己总结了所有的信息，并在回国后写入 1942 年 1 月 5 日的报告中。

……12月16日，在与斯大林先生和莫洛托夫先生的第一次会谈中，斯大林先生详细阐述了自己对战后欧洲领土的规划，尤其表明了对德国的处置。他提议恢复奥地利为一个独立的国家，让莱茵兰从普鲁士分离出去成为一个独立的国家或保护国，有可能的话再组建一个独立的巴伐利亚国。他还提议把东普鲁士归还给波兰，把苏台德区归还给捷克斯洛伐克。他建议让南斯拉夫复国并把意大利的部分领土划分给它，阿尔巴尼亚应成为独立国，土耳其应该获得多德卡尼斯群岛，爱琴海中对希腊重要的岛屿可以划分给希腊作为调整。土耳其还可以获得保加利亚部分领土或者叙利亚北部领土。总之，战争时期被占领的国家，例如捷克斯洛伐克和希腊都应该恢复至战前的疆域。斯大林还打算支持英国在西欧国家（如法国、比利时、荷兰、挪威和丹麦）建立保护基地。至于苏联的特殊利益，考虑到波罗的海国家、芬兰和比萨拉比亚，斯大林希望苏联能恢复到1941年德国入侵之前的状况。苏波两国的未来边界应以"寇松线"为基础，罗马尼亚应该在苏联基地建设方面给予便利，同时罗马尼亚会获得现在匈牙利占有的领土。

在首次会谈中，斯大林先生大体同意德国用物质赔偿被占领国家，尤其是用机床等作为赔偿，他拒绝使用金钱赔偿。他有意在"民主国家"间成立一个战后军事联盟，并称苏联不会反对欧洲国家结成联邦关系，只要它们愿意。

12月17日，在第二次会谈中，斯大林先生敦促英王陛下政府承认苏联未来的边境，尤其是把波罗的海并入苏联，并且恢复1941年的苏芬边界。他最后总结道，任何苏英协定都应以此为基础。我向斯大林先生解释道，鉴于我们与美国政府有约在先，现阶段英王陛下政府不可能承诺任何战后欧洲领土事宜，不过我回国后会向英王陛下政府、美国政府以及自治领的政府转达此事。这一问题对斯大林先生来说颇为

重要，我们在 12 月 18 日的会议上再次谈到此事。

1942 年 1 月 5 日

苏联的首要要求就是把在战争初期征服的波罗的海国家并入苏联领土。苏联还提出了其他有关领土扩张的条件，并要求无限制地提供物资和军事援助。看到这封电报后，我当即反对归并波罗的海国家的要求。

首相致掌玺大臣：

1. 合并芬兰、波罗的海国家和罗马尼亚的要求违背了斯大林自己签署的《大西洋宪章》的第一、第二、第三条款。无论如何，英国不能在未经美国同意的情况下就与苏联签订这样的条约，无论是秘密的或是公开的、直接的或是间接的。现在还不是谈论战后领土的时候，这一问题只能留待战争胜利后在和平会议上去谈。

2. 诚然我们渴望获得可公开的协定，但这不能让我们做出不正当的承诺。外交大臣的表现已经十分出色了，即使他无果而终地离开苏联，我们也不能责备他。无论如何，苏联还要继续战斗，还要依靠英国给他们提供大量物资，这些物资都是我们用血汗搜罗来并诚心地交予苏联的。

3. 我希望内阁能够同意将上述内容转达给外交大臣。虽然外交大臣无疑会小心谨慎地行事，但他首先得清楚自己的立场。

1941 年 12 月 20 日

战时内阁同意我的观点，并致电外交大臣。对于艾登先生的来电，我做出如下回复：

首相致外交大臣：

1. 您自然不会对斯大林粗鲁行事。我们跟美国有约在先，不会签订任何秘密或特殊协定。如果拿这些建议去同罗斯福总统商量只会招致拒绝，甚至造成两国之间永久的嫌隙。

2. 苏联西部边界的和平是战后和平会议的目标之一。事实证明，列宁格勒的处境特别危险。和平会议的首要目标是防止德国死灰复燃。把普鲁士从德国南部分离出来以及给普鲁士划定界线将会是重大议程。但是，这些事情都还无法确定、还太遥远。我们现在必须要奋力赢得战争。如果现在公开谈论这些问题，那么将会使得所有德国人都仰仗希特勒。

3. 在我看来，即使是非正式地向罗斯福总统提出这些问题也是不合时宜的。这是我应当采取的方针，从而避免会谈突然终止。即使您无法按照内阁文件与苏联签订公开联合声明，也千万不要沮丧。我相信，您此次访问的益处颇多，您的态度也会赢得普遍的肯定。

这次航行似乎相当漫长。

1941 年 12 月 20 日

艾登先生用自己的话记录下了他跟斯大林会谈结束的经过：

我们在非常友好的氛围中告别。在我的一番解释之后，斯大林先生似乎完全理解我们现在为何无法在欧洲开辟第二战场。他十分关心我们的利比亚攻势，并认为这场战役的最大好处就是能够打击意大利，因为他认为轴心国会随着最弱环节的崩溃而毁灭。

斯大林认为，苏联还没有强大到在对抗德国的同时惹怒日本。他希望到明年春季前能把远东军队的实力恢复到西部战役之前。斯大林不打算在明年春季对日本宣战，但明年春季会重新思考此事，不过他宁愿日本先发起敌对行动，且他似乎料定事实也会如此。

* * *

　　然而，此时我们对外关系中最突出的问题是法国问题。美国对德国宣战会给维希法国带来什么影响？英国一直与戴高乐保持着联系，而美国政府尤其是国务院则跟维希保持着密切联系。被德国控制的贝当患了病，有人说他前列腺扩张必须要接受手术。魏刚从北非被召回并被维希解除了司令职务。达尔朗海军上将似乎正春风得意。此外，奥金莱克在利比亚内外取得胜利导致法属北非问题上升到了最严重等级。希特勒在沙漠受挫、在苏联受阻，他会不会从海上和空中派遣军队进入突尼斯、阿尔及利亚、摩洛哥和达喀尔（而非西班牙）呢？这会不会就是他对美国参战做出的回应呢？

　　一些迹象表明，达尔朗海军上将可能会接替贝当，而且外交部收到秘密探询，问达尔朗与英国和同盟国的关系如何。这些令人为难的事牵涉到我们整个海军局势——土伦舰队、卡萨布兰卡和达喀尔两艘未建成的战列舰、封锁及其他事情。在乘火车从首相别墅到克莱德河的旅途中，我把一封有关海军方面的备忘录发送给就在隔壁房间的第一海务大臣。

　　我希望我们能够共同对维希法国提出要求，要么为友要么为敌。如果对维希法国不成，就对法属北非提出要求。

　　我们还不知道美国参战会对法国产生何种影响。利比亚的胜利可能会让法国做出积极反应。更重要的是，德国军队在苏联遭受的灾难日益加剧，这将会影响所有人的思绪。美国可能派遣一支部队在卡萨布兰卡登陆，加上我们在执行"体育家"计划时的援助，这可能会决定法属北非（可能还有马达加斯加）的行动。无论如何，都值得一试。除非维希政府回复，否则我不希望更改"体育家"计划和"短棒"计划。

我们必须记住，美国大体会赞成把北非和西非作为英美行动的主战场。

1941 年 12 月 13 日

我致电史末资将军：

首相致史末资将军：

　　我认为再次横跨大西洋前往美国是我的责任，希望在接下来的几天里，我能够就整个战争的行动与罗斯福总统进行商谈。当然，我还希望总统协助实施英国在法属北非和西非的前进政策，这符合美国的意愿，但是他们可能过分致力于与日本作战。我会随时把情况告知您。

1941 年 12 月 20 日

*　　*　　*

　　在此期间，战争在新旧战区持续进行着。处于日本魔爪下的香港命运会如何，我没有半点幻想。但是英国的抵抗越顽强，就对所有人越有利。日本偷袭珍珠港的同时，还袭击了香港。莫尔特比陆军少将指挥的守兵面临艰巨的任务，且这个任务从一开始就超越了他们的能力范围。日本集中了三个师的力量，而我们只有六个营，其中有两个是加拿大营，另外还有少数机动炮兵、两千多名商民自卫团以及保卫港口的海岸炮和高射炮。日本在整个围攻中始终拥有绝对的制空权。活跃在当地居民之中的"第五纵队"帮了敌人不少忙。

　　守军中的三个营携带十六门大炮在大陆上展开防守以阻止敌军进犯，直到敌军攻破九龙港。大陆守军很快受到重击，12 月 11 日，他们奉命撤回岛上。之后的两个晚上，他们在极度困难的情况下巧妙地完成了撤离。

首相致香港总督和守军：

我们无时无刻不在关注着你们对香港港口和堡垒的顽强防御。你们守卫的是一座连接远东和欧洲、历史悠久、中外驰名的城市。我们坚信，香港对于野蛮无理袭击的顽强抵抗将会成为历史上的浓重一笔。

我们的心一直与你们同在。你们每次的抵抗都让我们更靠近胜利。

1941 年 12 月 12 日

敌人为横渡大陆和香港岛之间的水域准备了一些时日。在此期间，敌军有组织地对我们的阵地进行炮击、轰炸甚至用迫击炮袭击。12 月 18 日，日军首次成功登陆，随后的增援部队不断向内陆挺进。敌人不断加强进攻，守军伤亡惨重，人数不断减少而被迫逐步向后撤退。虽然士兵们知道支援无望，但他们仍继续战斗。

首相致香港总督：

听闻日军登陆香港岛，我们深感担心。无论是敌军成功登陆，还是我们的反击失败，我们在此都无法断定目前的形势。但是，绝不可以有投降之心。我们须寸土必守，竭尽全力抵抗敌人。

我们要迫使敌人大量消耗人力和物力。内线防御必须奋力作战，如有需要，可以逐户作战。您的每一日抵抗都对世界同盟国事业做出了巨大贡献，我确信您和您的士兵赢得了属于你们的不朽荣誉。

1941 年 12 月 21 日

将士们严格服从这些命令。其中有一事迹值得在此记录下来。12 月 19 日，加拿大旅长劳森报告：他的军营被攻陷，双方战斗进入平射程内，他准备拼死一搏。他竭尽全力，但最终他和他的将士都阵亡了。

守军支撑了一个星期。每一个能拿起武器的人，包括皇家海军和空军士兵都殊死抵抗。他们拥有不屈不挠的顽强意志和英国民众坚忍不拔的毅力。圣诞节那天，抵抗已经接近极限，投降不可避免。总督马克·扬爵士不屈不挠，带领将士打了漂亮的一仗。他们无愧于属于他们的"不朽荣誉"。

＊　　＊　　＊

我们在马来亚也遭遇了一系列不幸。12月8日，日军登陆马来亚半岛，突袭了我们的机场，严重削弱了本就薄弱的空军力量，导致北部飞机场瘫痪。哥打巴鲁的沙滩由一个步兵营把守，防线长达三十英里，但一大批日军部队仍成功登陆，不过日军也受到了我军海岸和空中的袭击，伤亡较大。经过三天的鏖战，敌军成功在陆上站稳脚跟，掌控了附近的机场，因此，损失惨重的步兵旅奉命向南撤离。

同样在12月8日，日军在北大年和宋卡登陆，未遭任何抵抗。英勇的荷兰潜艇击溃了几艘日本船只。直到12月12日，双方才展开激烈战斗。当日，在亚罗士打以北，敌人以最精锐的一个师成功袭击了第十一英印师，造成了我方的严重损失。

启程之前，我给印度驻军总司令韦维尔将军发去电报：

1. 您现在必须关注东面。缅甸现已在您的管辖范围内。您必须全力阻止日军向缅甸和印度挺进，切断日军往来马来半岛的交通。我们正在把（绕道好望角的）第十八师和（正运往高加索和里海战区的）皇家空军的四个战斗机中队调往孟买。我们也在给你们运送一批特别的高射炮和反坦克炮。您应当保留第十七英印师来抵抗日本的袭击。请按照您的想法协调这些兵力，让他们在东部战斗中能够充分发挥作用。

2. 我们建议，在不远的将来，您和奥金莱克将军协商安排伊拉克和波斯归入开罗辖区。苏联的胜利和奥金莱克在利

比亚的推进暂时解除了德军突袭叙利亚—伊拉克—波斯的危险。这一危险可能再次出现，但我们还面临着更紧迫的威胁。

3. 过去四天里，世界局势发生了巨大变动，我们也顺势做出了新的部署，希望这些部署能够获得您的赞同。鉴于您所处的紧张局势，我会尽最大可能给您提供装甲车辆、飞机和人员。望您尽快回复您的看法和需求。

1941 年 12 月 12 日

另一封电报写道：

首相致掌玺大臣，并致伊斯梅将军，转参谋长委员会：

请竭尽全力向印度运送人力和物力。一旦利比亚战役取得胜利，请立即派遣中东的飞机前去支援印度。另外，利比亚战役取胜后，请尽快派遣装甲车辆。

1941 年 12 月 13 日

首相致缅甸总督：

韦维尔将军现负责缅甸的陆空防务。第十八师、四个战斗机中队、高射炮和反坦克炮正绕道好望角前往孟买，韦维尔将军将按照自己的想法最大化利用他们。利比亚战事一切顺利，但在取得胜利之前，我还不能调离任何飞机。一旦利比亚战役胜利，我们就立即派遣四到六个轰炸机中队前往您的战场。

祝一切顺利。

1941 年 12 月 13 日

*　　*　　*

马来亚半岛的战略防御涉及一个重大战略抉择。但很可惜，我确信我无法在航行中予以实施。

首相致伊斯梅将军，转三军参谋长：

　　切勿让最后保卫新加坡岛和要塞的军队被消耗殆尽，或是在马来半岛被切断。没什么比要塞更加重要。您确定我们还有兵力进行长期防御吗？请与奥金莱克和自治领政府商量把第一澳大利亚师从巴勒斯坦调往新加坡。请及时汇报行动。

1941 年 12 月 15 日

我很高兴，国务大臣达夫·库珀先生与我不谋而合。

首相致伊斯梅将军，转参谋长委员会：

　　1. 达夫·库珀的担忧跟我在电报中的担忧一样。他建议集中兵力保卫柔佛，从而守住新加坡。这一想法跟迪尔的意见一致。

　　2. 英美海军在太平洋和印度洋遇袭后，我们就无力阻止大批日军登陆暹罗和马来半岛。因此，除了破坏和拖延敌军行动，我们不可能守卫柔佛防线以北的地区，而且这一防线本身就是新加坡海岛要塞和海军基地的最后一道防线。

　　3. 应该告知当地驻军总司令，让他们全力守卫柔佛和新加坡，一切以新加坡防御为主。但是，军队同时还要保证一路向南时成功运用阻滞和破坏战术，以及作好有序撤退的安排。

　　4. 您还没说现在的远东总司令是谁。波纳尔是否抵达？如果没有，他现在身处何处？他应尽快飞抵那里。

　　5. 从好望角运往印度的一切增援都应该供韦维尔用于保卫缅甸，或在情况紧急时转运部分物资给远东司令部。您运送高射炮和战斗机中队的请求已被批准。

　　6. 第十八师既可供韦维尔使用，也可援助远东司令部，但是为何不用呢？如果第十八师被派往东部，我们应当派遣一支澳大利亚师去印度替代第十八师。

7. 您目前有何行动？向新加坡运送补给越来越难，您打算如何解决？另外，您准备如何减少新加坡岛的多余人员？您对供给物资的问题作何答复？

1941 年 12 月 19 日

* * *

这一册书无法说完整个故事。新加坡的悲剧将会慢慢浮现。这里只会说到在这个月剩余的日子里，英印师对西海岸南下的敌人展开了一系列阻击。12 月 17 日，敌军攻入槟榔屿，虽然我军进行了轰炸，但一大批小型船只还是完好无损地被敌军掠夺。敌人后来运用这些小型船只对我们的侧翼不断进攻。我们的军队受到敌军多次猛烈攻击，月底只在怡保附近作战，距离敌人最初驻守的根据地足有一百五十英里，而且当时，敌军至少有三个完整的师（包括禁卫军在内）登上了半岛。敌军的空中优势也大大增加，他们占领机场后迅速在机场排兵布阵，且他们的飞机质量之高超出预料。我们被迫采取守势，遭受了巨大损失。12 月 16 日，婆罗洲北部受到侵袭后迅速被占领，不过在此之前我们已经摧毁了该地的大量炼油设备。在所有这些战斗中，荷兰潜艇击毁了许多敌军舰艇。

* * *

我们在海上航行时，奥金莱克将军的沙漠战役一切顺利。轴心国军队巧妙地避开了我们的包围战术，撤退到了加柴拉以南的后方阵地。12 月 13 日，第八集团军对该阵地发动进攻。此时的第八集团军包括第七装甲师、第四装甲旅、支援部队、第四英印师、摩托化警卫旅、第五新西兰旅、波兰旅和第三十二陆军坦克旅。所有这些部队都受第

十三军司令部指挥。第三十军则负责处理被切断或抛弃在塞卢姆、哈尔法亚、拜尔迪耶的部分敌军,他们还进行了顽强抵抗。敌人在加柴拉打得不错,但是他们的沙漠侧翼已经被我们的装甲师攻占,隆美尔开始由德尔纳撤退到阿杰达比亚和阿盖拉,且一路上受到了我方所有能在这片广阔地域上行动和补给充足的军队的追击。

12月第一周,敌军空中力量明显增强。德国空军第一军团从苏联战场飞往地中海。德国记录显示,11月15日的德国飞机数量为四百架(可供使用的有两百零六架),一个月后,飞机数量增长到六百三十七架(可用的为三百三十九架)。这些飞机飞往西西里岛为南非航线做掩护,而俯冲轰炸机则不断地被派往沙漠地区,且全程由"梅塞施密特109"式战斗机掩护。英国皇家空军在开战首周取得的空中优势不复存在。12月,敌人空军在地中海区域死灰复燃,我们的海上优势也消失殆尽,奥金莱克将军历经千辛万苦取得的成功眼看就要付之一炬了。

*　　*　　*

"约克公爵"号向西前行,船上的每个人都在不停地工作,所有人的心思都放在亟待解决的重大问题上。对于与总统和他同僚的第一次直接接触,我们既期待又紧张。我们启程之前就知道珍珠港事件让美国人民无比愤怒。据官方报道和杂志描述,美国人将所有矛头都指向日本。我们害怕美国会本末倒置,不了解轻重缓急。美国甚至可能会在太平洋对日本发动战争,而让英国独自在欧洲、非洲和中东对抗德国和意大利。

我曾在前一章讲过英国的军事实力正日益增长。对抗德国潜艇的第一次大西洋战役显然曾对我们十分有利。我们有能力维持海洋通道开放,对此我毫不怀疑。如果希特勒入侵英国,我有信心击败他,苏联的抵抗更加增强了我们的信心。对于利比亚战役,我们曾抱有过高的希望。不过,我们未来的一切计划要依靠美国源源不断地提供各种物资,就像现在这样越过大西洋。我们尤其需要美国的飞机和坦克,

以及美国的巨大商船。由于美国到目前为止还是非交战国，因此总统愿意从部队中抽调出大批军备提供给我们。但是，既然美国现在要向德国、意大利尤其是日本宣战，我们的物资供应必然会受到影响。本国需求放在第一位不是吗？自从苏联被入侵之后，我们就牺牲了许多国内资源去帮助苏联，其中包括刚从工厂生产出来的装备和供给物资。美国给苏联提供的资源更多，这些资源本是提供给英国的，但是考虑到苏联人民对纳粹的英勇抵抗，我们愿意把这批物资让给苏联。

但是，现在利比亚战役吃紧，军队急需的设备和武器我们不敢有半点拖延。我们必须把"美国优先"作为盟友间的首要原则。我们担心美国在发动大规模战争之前需要很长的时间准备，而在这段时间内，英国的行动将会受限。英国在此期间将要面临来自马来亚、印度洋、缅甸和印度的威胁。无疑，物资的分配将会充满困难，需要谨慎处理。我们已经得到通知，所有在《租借法案》之下的交货计划都暂缓以待调整。值得高兴的是，英国弹药和飞机制造工厂的生产规模不断扩大，产出量会大大提升。但是，随着"约克公爵"号在风浪中缓缓前行，我们的面前还有许多障碍，一些重要物资供应可能会被拒绝，这将影响我们的整个生产。比弗布鲁克仍像以往那样乐观。他说，美国的物资还未受到影响，这批物资的数量惊人；一旦整个美国投入到战争中，结果将超乎想象。比弗布鲁克还认为，美国人还没有意识到其强大的生产能力，美国的努力将会让现在所有的数据都难以望其项背。这样大家就能得到足够的物资。他对此的判断是正确的。

这些考虑跟那些重大战略问题相比显得黯然失色。我们不知道能否说服美国总统和军事首脑们相信日本战败不足以摧毁希特勒，相反，只要希特勒战败，日本土崩瓦解只是时间问题。为此，我们花费了很长时间。两位参谋长、迪尔将军以及霍利斯和他的军官准备了好几份文件来论述这个问题，并强调战争是一体的。正如接下来看到的，这些工作和担心都是不必要的。

第三章

THREE

战争演变

希特勒损失惨重——迫切需要夺取法属北非——英美对北非的支援——英美联合战役——同戴高乐将军的关系——西班牙问题——日本的海军优势——航空母舰之战——美国陆军过分庞大的危险——英美控制西非和北非——土耳其加入同盟国战线——在意大利和西西里获得立足点——为轰炸德意不断做准备

在这八天行程里，我没有过多的公事，不需要出席内阁会议，也不需要接待宾客，因此我有时间就目前扩大的局势来回顾整个战争。我像往常一样口述让别人用打字机记录下来，试图达到思而不厌的效果。为了准备去见总统和进行同美国的商谈，我按照我所认为的应该如何进行这场战争，拟写了三个关于这场战争未来进程的文件。在拟写这些文件的时候，由于我带来了两位参谋长庞德和波特尔以及迪尔将军，并且一些有关事实可以由霍利斯将军与秘书处及时核对，因而是确有把握的。每份文件花费四到五个小时写成，共历时两三天完成。由于我的脑海中有清晰完整的脉络，所以构思起来并不难，但却需要慢慢琢磨。其实，如果用普通写法，在同样时间里可以写两三遍了。每份文件经过核对才算完成，完成后我把文件送给专业同僚审阅，以表达我的个人信念。他们同时也正在为联合参谋会议准备自己的文件。我很高兴地发现，虽然我撰写的文件更具概括性而他们的文件更加专业，但我们在原则和价值观上达成了普遍的共识。没有任何足以引起争辩的不同意见，而且论据也很少需要改正。因此，虽然没有进行确切或严格的条件约束，我们达成的共识却十分具有建设性。

第一份文件对1942年的军事行动做出了解释，说明了为什么英美

军队在欧洲战场的主要目标是占领非洲海岸线和达喀尔到土耳其边界的地中海东部海岸地区。第二份文件阐述了重新控制太平洋的方法，尤其提到了我们将会在1942年5月实现这一目标，目标能否实现主要取决于我们是否能够临时建造大量的航空母舰。第三份文件说明最终目标是大批英美军队在德国占领区域进行登陆从而解放欧洲，并指定1943年为进攻时期。

我在圣诞节之前把这三份文件交给了总统，并解释道，虽然这三份文件都是我的个人观点，但参谋人员对它们进行了多次正式讨论。我把这些观点以备忘录的形式记录下来并交给英国参谋长委员会。而且，我还告诉总统这些文件并非特意写给他阅读，而是更加希望总统能够通过这份文件知道我内心所想以及英国的目标。总统收到文件后立即阅读，次日询问我是否能够保存文件的副本，我欣然同意。

我曾于10月20日就艾登先生提出的问题给总统写过一封信，虽然我从未收到过也从未指望过收到回信，但是，我能够感受到，在法属西北非洲的行动问题上，总统跟我的思路一致。10月，英国仍在单独作战时，我只能告诉他英国的想法和计划。但现如今，我们两国是同盟，必须同心同德、一致行动。我确信总统会和我的观点大部分一致，我们已经拥有达成共识的基础了。因此，我满怀希望。

第一部分
——大西洋战场

1. 此时希特勒在苏联战败是战争的一桩大事。我们无法估量德国军队和纳粹政权将蒙受多大的灾难。纳粹政权一直都是轻而易举地获得胜利，但这次，它未能如愿以偿，反而面临寒冬冲击、燃料和装备大规模受损的严峻考验。

在苏联战事中，英国和美国除了及时运送承诺的物资外没有其他责任。只有这样，我们才能够对斯大林施加影响，并让强大的苏联成为世界大战中的一分子。

2. 奥金莱克即将在昔兰尼加取得胜利，这对德国来说也小有伤害。我们希望在今年年底，能够完全歼灭利比亚的敌人。这不仅对德意两国造成重创，而且能够让我们在尼罗河流域的军队免遭长久以来西部入侵的威胁。自然，奥金莱克将军将迅速前进、实施"杂技家"作战计划。这个计划一旦成功，他就可以拿下的黎波里，并顺利带领先头装甲部队直达法属突尼斯边界。我们在华盛顿分别之前，他或许可以预测未来的局势了。

3. 德国被苏联打败，并在利比亚遭驱逐，迫使他们可能明年春季会奋力一搏，向东南方长驱直入高加索或突进至安纳托利亚，抑或者两者并行，从而突破重围。但是，他们不一定有这么大的能力。苏联的军队经过一个冬天之后能够恢复过来，他们会在列宁格勒到克里米亚这条线上痛击德国，所以德国人可能被迫从克里米亚撤退。时至今日，苏联海军很有可能会控制黑海，而德国却不一定有实力对土耳其发动进攻，或穿越安纳托利亚。土耳其拥有五十个师，他们的战斗能力众所周知，而且土耳其地形极其有利，形成了一个天然屏障。虽然土耳其一直以来顾及安全、不冒风险，但是当它看到苏联控制黑海，英国在地中海东岸和北非海岸取得胜利，意大利舰艇不堪一击之后，它可能会加入我们的阵营，并与我们共同对抗德国的侵略。德国如今几乎不可能向西南挺进攻击波斯、伊拉克和叙利亚前线，虽然这种想法略显草率，但这一威胁的确比以前小多了。

4. 所以，我们现在要努力争取法属北非，对维希政府和北非的法国当局采取软硬兼施的措施。如今，德国在苏联受挫，英国在利比亚势如破竹，意大利士气低落、溃不成军，最重要的是，美国和德国互相宣战，这些都深深地影响着法国。现在，维希和法属北非面临的不是福就是祸。美国和英国会许诺把法国重新建成一个强国，保证其领土的完整，这是福。而且，英美远征军将从摩洛哥的大西洋海岸以及阿尔

及利亚和突尼斯的登陆点积极给予援助，奥金莱克将军从东面推进的部队也会提供援助。法国人民和忠诚的摩尔人民将获得大量的军需品。而维希政府则需要把军队从土伦调到奥兰和比塞大，法国要作为主要参战国参战。

这意味着德国将会全面接管法国，并把法国当作占领区来统治。但是，占领区和非占领之间似乎没有太大的区别。无论事态如何发展，欧洲的法国都免不了遭到封锁。当然，还有一种可能，那就是德国被牵制在苏联，就算法属北非同德国交战，德国也无心顾及未被占领的法国领土。

5. 如果维希政府默许法属北非加入我们的阵营，我们必须作好尽快派遣大量军队的准备。如果奥金莱克将军在的黎波里塔尼亚取得胜利，他便能够从东部带来支援部队，但撇开这些部队，我们在英国本土（"体育家"作战计划）可以准备约五万五千人，包括两个师、一个装甲团和船只。这些军队接到邀请，奉命登船后的第二十三天便可以进入法属北非。马耳他的主要部队和空军能够在极短的时间内抵达比塞大。我们希望美国可以同时承诺在接下来六个月内派遣十五万士兵经由卡萨布兰卡或其他非洲大西洋港口抵达。重要的是，一旦获得法国的（无论是维希还是北非）同意，一定数量的美国军队，比方说两万五千人，就应当尽早进入法属北非。

6. 我们还要求美国向北爱尔兰派遣三个师和一个装甲师。如有必要，这些师可在北爱尔兰完成训练。美国军队进入爱尔兰一事可能很快就会被敌军知晓，但可以诱导敌军高估美军的实际人数，这样一来，敌军就不敢轻易进犯英国。我们便可以用另外两个师和一个完整的装甲师来填补法属北非的军力。如果法属北非的军队新增了兵力，并辅以空中支援，那么德国想要在非占领海域征服北非简直是难上加难。西北非洲的战场是最有利于英美作战行动的战区，因为我们穿越大西洋的航线方便快捷，而敌人的地中海通道受到严重阻碍（正如他们在利比亚行动中那样）。

7. 这里还要提到，我们十分希望美国轰炸机中队能够从不列颠岛对德国发动攻击。我们自己的轰炸机计划虽然看似完备，但却没有得到充分发展，有负众望。我们要记住，要通过轰炸德国城市和港口来打压德国的生产和士气，加上德国在苏联受挫，德国人民的作战意志很有可能受到影响，这样便会使德国政府内部产生动荡。如果美国能派遣二十个轰炸机中队来支援英国，就能加速这一进程，同时，这也是德国对美国宣战之后美国给出的最直接有力的回应。英国将做好一切准备加速这一进程，并且从现在开始，英美两国将无限制地对德国进行轰炸。

8. 然而，我们也要做好维希政府拒绝的准备，他们甚至可能煽动法属北非进行抵抗。维希政府可能会助纣为虐，帮助德国军队进入北非；德国可能强行通过西班牙，或被允许借道；土伦的法国舰队可能会受到德国控制，而维希政府可能会强迫法国和法帝国联合德国对抗我们，虽然这不太可能行得通。法国大多数人与英国站在统一战线，现在也有越来越多的人支持美国。达尔朗上将未必会把土伦舰队完整无损地交给德国。最不可能的是，法国士兵和水手会奋力抗击英国和法国。不过，我们也不排除法国和北非的失败分子会假情假意地联合德国。如果是这样，我们在北非的任务就变得更加困难。

我们必须在 1942 年夺取或者征服整个北非海岸，包括摩洛哥的大西洋港口。我们要在年底前夺取达喀尔和其他法属西非港口。虽然我们迫切需要进入法属北非从而阻止德国入侵，但是在此之前，我们必须要花费八九个月的时间为夺取达喀尔和西非港口做准备。必须即刻着手制定相关计划。如果时间充足、准备充分、装备精良，那么行动的困难不大。

9. 我们需要重新审视同戴高乐以及"自由法国"运动的关系。到目前为止，美国还没有承担函电中提到的类似义务。尽管不是戴高乐的过错，但他的自由法国运动已让法国人民燃起反抗的怒火。美国现在对他所采取的一切有关行动都会产生一定的影响，即重新规定我们对他和法国的义务，从而使他和法国人民努力复兴国家。如果维希政府愿意跟我们合作，那么英国和美国必当竭力调和自由法国（戴高乐派）和其他抵抗纳粹的法国人之间的关系。相反，如果维希政府拒不合作、帮助德国，那么我们只好强行挺进法属北非和西非，并支持戴高乐派的运动。

10. 我们无法预测西班牙的未来局势。西班牙似乎可能不会允许德国借道攻击直布罗陀、侵入北非。德国可能会慢慢渗入西班牙，但堂而皇之地请求应该会被拒绝。若果真如此，对于强行进入西班牙的德国来说，冬季这个时间再糟糕不过。况且，希特勒还要在战败和半饥饿状态下用军队去镇压将近整个欧洲的人民，此时他得小心谨慎地对待接管法国未被占领地区之事，还要防止自己跟伊比利亚岛上愤懑不平、饥寒交迫的人们进行激烈的游击战。英美两国必须竭尽全力鼓舞、加强这些人的抵抗意志。目前的有限供应政策应该继续推行。

直布罗陀港口和基地对我们价值巨大，以至于除非伊比利亚半岛被侵犯或西班牙借道给德国，否则我们根本不考虑大西洋上其他岛屿。

11. 总的来说，1942 年的西方主要战事如下：英国和美国夺取并控制法属北非和西非；英国进一步控制从突尼斯到埃及的整个北非海岸，如果海军条件允许，打通通往黎凡特和苏伊士运河的地中海海路。只有英美两国取得大西洋的海上和空中优势，供给线不被打断，并且英国能够有效抵抗侵略时，我们才能实现以上伟大目标。

1941 年 12 月 16 日

＊　　＊　　＊

有关太平洋战场的第二份文件我是在登岸后才完成的。

第二部分
——太平洋战场

1. 日本拥有海上优势，他们可以运送军队到任何地点，并把该地占领下来，使之成为海空军燃油基地。同盟国将在一段时间里没有一般舰队作战能力。日本之所以能够运送军队，因为辽阔的海洋面积让我军很难进行拦截。虽然我们没有海上优势，但我们仍旧可以到处突袭，只不过我们的海上行动无法持续进行。所以，我们在太平洋上的属地和据点可能会被逐一夺去，而敌人将轻易铲除当地守军并在各个地方站稳脚跟。

2. 在这段过渡期间，我们的任务是在受到攻击的地点进行顽强抵抗，一有机会就冒险偷偷运输物资和援助。如果我们的抵抗足够顽强、物资足够充沛，那么敌人就不得不在距日本千里之外花费大力气。这样一来，敌人的资源就会吃紧，交通线也会成为我们攻击的目标，美国、英国和荷兰的海空军，尤其是潜艇将集中力量攻击敌人的交通运输线。所以，很重要的一点就是，我们不能让敌人轻易得逞，要迫使敌人供养占领区、拉长战线、耗费敌人的资源。

3. 日本的资源是消耗性因素。长久以来，日本深陷在对中国的战争中，损耗巨大。他们在偷袭珍珠港时已经铆足了最大的气力。斯大林曾说，日本除了本国飞机外，拥有一千五百架德国飞机（他一定曾有机会获知这些飞机是怎样运去的），如果斯大林所言属实，那么日本只能用本国每月生产的三五百架飞机来代替损耗的飞机，除此之外别无他法。我们

的政策是，把日本的大批部队牵制在海外，尽可能让他们忙于作战，从而使他们的交通线达到饱和状态，使飞机的损耗率达到最高。如果我们无所作为，他们安闲自在，那么日本几乎不费一兵一卒就能攫取大量利益，这会给我们造成巨大损失。因此，我们一有机会就要攻打他们，损耗他们的能量。

4. 但是，我们的目标是稳步夺回海上优势。实现这一目标有两种方法：第一，加强主力舰的实力。日本不受条约限制的两艘新建战列舰十分强大，对太平洋战场起着举足轻重的作用。据了解，美国新建的两艘战列舰也将于 5 月份投入战斗。当然，战争中的一切计划都要随着敌人的变化而变化。但是，如果我们的战列舰不再减少，也不再发生任何新的不可预测的紧急情况，我们希望把"尼尔森"号和"罗德尼"号跟美国这两艘新战列舰合并，使大炮口径为十六英寸的现代主力舰达到四艘。大量美国旧式战列舰经过改造后，应在 5 月后随时待命，在有利的形势下投入舰队行动，成为主力舰的强大后盾。恢复太平洋的海上优势，纵然不作正面较量，也能够加强美国西海岸的安全，从而可以免去美国军队的防御之忧，专心负责进攻任务。因此，我们必须把夺取太平洋的海上优势作为我们的首要目标，争取在 5 月实现这一目标。

5. 不仅以前，即使在过渡期，我们也要最大化地发展航空母舰。我们正在组建一支由三艘航母组成的航母舰队，可用于南非、印度和澳大利亚之间的海域中活动。美国已经拥有七艘正规航空母舰，日本则拥有十艘，但美国的航母比日本的大。除了这支正规的航母舰队之外，我们还必须临时建造一批规格大小不一的航母。只有这样，我们的海上实力才能够迅速增长。即使这些航母只能够搭载少量飞机，但是它们可以跟其他航母联合起来，共同发挥作用。我们应该建立流动空军基地，保证我们取得海岸飞行基地上空的制空权，并掩护登陆的军队。除非获得空中优势，否则即使再强大的战舰，安全也无法保证。我们除了将在 1942 年建好的战列舰之外，目前无法获得更多的战列舰，但是我们可以设法获得更多的航空母舰。建造一艘战列舰需要五年，但建造一艘航母可能只需要六个月。这就需要发明创造和高超技巧了，这与美国内战的一个情况很相似，内战催生了可以用于在密西西比河上作战的特大舰队和小型舰队。必须承认，优先发展舰载飞机必会耽误大规模轰炸德国的计划，而这一计划才是我们的主要作战方式。然而，这只是一个时间和程度的问题。在对德国投弹的数量上，虽然在 1942 年还达不到我们的预设水平，但我们将在 1943 年实现这一目标。英美联合计划可能要推迟施行，但终究会推行。同时，德国城市和其他城市仍旧是我们攻击的目标。虽说我们必须竭尽全力来增加对德国的投弹率，直到实现我们 1943 年和 1944 年的最大投弹目标，但我们可能因为其他因素需要推迟这一计划。所以，在过渡期间，十分重要的一点是，美国轰炸机中队（哪怕只是象征性的）要从英国出动对德国城市和港口发动空袭。

……

接着几段谈到了其他问题，如取得空军基地、苏联介入对日战争、太平洋上的护航问题以及利用新加坡的问题等，这里不再刊载。文件最后写道：

12. 我们不必担心这次太平洋战争在首次突袭过后会卷入过多的美国兵力。我们希望 1942 年美国投放到欧洲的兵力数量不会多到影响他们在太平洋的行动，虽然这些行动也是有限的。我们真正担心的是，创建一支一千万兵员的美国陆军在至少两年的训练期会消耗大量物资，却无法参与作战只能防御美国本土。要想解决这一问题并充分利用大量兵力和弹药物资，最好的方式就是让美国恢复太平洋海军实力，又

不耽误美国实现其他次要目标。

1941 年 12 月 20 日

*　　*　　*

有些不实传闻称，我一贯反对在欧洲本土进行大规模作战，对此，我认为有必要说明真相。我一直认为，我们取得战争胜利的唯一方法就是以最大规模攻击德国占领的国家，并计划 1943 年夏季实现这一目标。1941 年底以前，我设定的作战规模是：战争初期至少需要四十个装甲师和一百万其他兵种的部队。但我发现有很多书籍错误地揣测我的观点，于是我认为读者必须知晓当时的权威文件才能明白真相，我会在叙述过程中列举一些例子。

第三部分
——1943 年的战役

1. 如果第一、二部分文件中的作战计划在 1942 年顺利进行的话，那么 1943 年初的局势将会如下：

（1）美国和英国将重获太平洋的海军优势，并且日本的海外计划会因海上交通线遭破坏和英美远征军收复失地而濒临威胁。

（2）英国领土依旧完整，并比往昔更能抵御外敌入侵。

（3）达喀尔到苏伊士运河的东西非沿岸以及黎凡特到土耳其边界地区都将归英美管辖。

土耳其不一定会参战，但土耳其必将站在英美苏这边。苏联的地位日渐稳固，虽然其丧失了弹药生产能力，但英美提供的物资弥补了这一空缺。我们可能已经在西西里岛和意大利站稳了脚跟，获得意大利内部的极有利反响。

2. 但这一切还不足以给战争画上句号。仅仅把日本人赶回老家或是打败海外的日本军队还不能结束战争。只有德国

人在欧洲战场溃败或德国国内发生动乱（往往是战局不利、经济萧条、同盟国轰炸引起的），战争才能算真正结束。如果德国看到英美苏实力不断增长，其国内可能会瘫痪，但我们不能指望德国的内部瘫痪。德国空军将会继续以目前的水平执行任务，更多潜艇将会加入战争，因此我们万不能松懈，而要继续严格执行计划。

3. 因此，我们要让英美军队先后或同时在西欧和南欧登陆，支持被占领国的人民奋起反抗，从而解放被占领国。这些国家的人民单凭自己的力量无法起义，因为会遭到德国十分残暴的镇压，但是如果有足够的武装部队在它们国家登陆，即挪威、丹麦、荷兰、比利时、法国海峡沿岸、大西洋沿岸以及意大利和巴尔干地区等，那么德国驻军便无力应对武装部队的力量和愤怒起义的人群。只要我们的海军能够选择在任何地点进攻，德国不可能在所有地方拥有足够的军队进行有效抵抗，他们尤其无法把装甲部队从北部运到南部或从西部运到东部，所以，他们要么把部队分配在不同的国家——这样只会让兵力分散，要么把部队集中在本土的中央据点——这样德国部队尚未抵达，我们早就在国外站稳了脚跟。

4. 我们必须面对长期和短期计划之间的矛盾。战争是个持续的过程，仗要一天天打。为未来做准备的过程必然要经历挫折和困难。经验告诉我们，预言永远失准，准备永远不足。尽管如此，我们还是必须拥有计划和方向，以便能在一定时间里取得胜利。在现代，没有精良的武器和技术就无法发动大规模进攻，因此制定计划就更加必要了。

5. 因此，我们面临的问题不仅是把日本逐回其本国、重新夺回在太平洋的优势，而且还要在1943年夏由英美军队登陆和解放被占领的欧洲国家。所以，应做好上述所有国家的登陆计划。至于最终选择哪三个或哪四个国家登陆，留待以后决定，这样既可以顺时而变又可以达到保密的效果。

6. 原则上，登陆工作将由装甲部队和机械化部队负责，这些部队通过登陆艇或特别改装的远洋船只在沙滩（而非港口）登陆。这样一来，可能展开进攻的前线就非常广阔，以致德国守军没有足够的力量来防守所有地方。我们还要准备两栖登陆装备来保证有效的大规模登陆行动。1943年春，英美两国的远征军应在冰岛、不列颠群岛，有可能的话在法属摩洛哥和埃及集结。我们的主力部队将直接横渡大西洋。

7. 此次行动不需要大量兵员。如果装甲部队侵袭成功，当地人民会加入进攻的队伍，当然，我们要给他们带去武器。四十个师，每个师一万五千人，或相当于这些师的坦克旅（英国将努力提供近半数），总计六十万人。这些师的后面还有一百多万各兵种的军队，这将足够夺取希特勒统治的大片区域。但是，这些行动计划一旦开启就需要源源不断地供给大量物资。我们的各个工业和训练基地到1942年底应该足以提供大量物资。

8. 海上优势必不可少，但除此之外，空中优势也相当重要。为了成功登陆，我们要发展一批舰载飞机。这些对于1942年的战争来说是不可缺少的。为了消耗敌军，阻碍其防御准备，我们将在以下地区进行密集轰炸：从英国对德国进行轰炸、从马耳他对意大利进行轰炸，如果可能的话，从的黎波里和突尼斯对意大利进行轰炸，并且这些轰炸必须达到最高强度。英国的第一线空军略优于德国，苏联的空军在苏联战场取得较大优势，其实力可能是德国第一线飞机的五分之三，再加上美国的资源和未来计划，我们没理由不能在1943年夏天之前掌握制空权，并对德国实施猛烈攻击。既然轰炸只是程度问题，且轰炸目标固定不变，所以应该优先发展战斗机和携带鱼雷的飞机，许多现有的或必须建成的航空母舰和临时改装的航空母舰急需这类飞机。

9. 如果我们现在就定下这些任务，并注意不使它们过多地占用目前的需求，那么，即使德国未能提前崩溃，我们仍有希望在 1943 年或 1944 年终赢得战争。现在宣布我们将于 1943 年派遣军队进入欧洲，或许是有益的，这能够给被压迫人民带去希望，切断他们和敌人之间的往来。让千万人顺应我们的思想本身就是一种强有力的、能够渲染氛围的影响。

1941 年 12 月 18 日

航行期间，我在写完这份文件当天向三军参谋长宣读了一遍。以下是会议笔记：

首相说他希望三军参谋长能够对这份文件进行通篇审查，他准备用这份文件作为跟总统会谈的依据。他认为，英美两国人民都需要知道 1943 年的目标是大规模进攻欧洲，这一点很重要。总的来说，战争可分为三个阶段：1. 缩紧包围；2. 解放各国人民；3. 最终进攻德国堡垒。

我发现我的专职同僚们都赞同上述观点和其他文件的内容，以上这些确实总括了我们对当时战争局势商讨后所得出的结果。

＊　　＊　　＊

把后来发生的事件作为对照，并把它作为一个整体来看，我对这三份文件感到满意，因为英美两国在 1942—1943 年所采取的行动几乎跟文件内容一样。总统最终同意了西北非远征计划（"火炬"计划），这是我们第一次联合行动。我迫切希望能够在 1943 年夏横渡海峡并解放法国（该行动最初被称为"围歼"计划，后改为"霸王"计划）。

虽然未雨绸缪很重要，但是计划赶不上变化的事情时有发生，敌人的行动变幻莫测。这些备忘录中的所有目标都由英美军队按照这里所定的次序达到了。但奥金莱克将军却没能在 1942 年 2 月肃清利比亚之敌，这令我感到失望。他遭受了一系列的重大挫折，关于这些情况即将叙述。希特勒或许就是受到这次成功的鼓舞才决定乘胜追击，发动大规模袭击抢占突尼斯，并途经意大利、跨越地中海调集了二十余万生力军。因此，英美军队就卷入了一场比我所筹划的规模更大、时间更久的北非战役，计划表不得不向后推迟四个月。到 1942 年底，英美两国没能夺取和控制"法属北非和西非；英国进一步控制从突尼斯到埃及的整个北非海岸"（第一部分，第十一点）。我们直到 1943 年 5 月才得知这些消息。因此，（我最殷切希望实现的）跨越海峡解放法国的这个最高目标未能当年夏季实现，被迫推迟了整整一年，直到 1944 年夏季。

随后的回顾和我们现在所获得的全部情况使我确信，中东行动的失败可谓是塞翁失马，焉知非福。如果作战行动没有往后推一年，那么我们可能会遭遇极大的危险，世界也可能会经历一次动荡。如果希特勒足够机智，他应该减少北非的损失，并在 1944 年以双倍兵力跟英国交战，而不是待到美国军队兵员成熟、登陆舰和浮动港口（"桑葚"）建成之后。现在我确信，即使"火炬"行动如我所希望的在 1942 年结束，或是根本没有这一计划，1943 年跨越海峡的行动也会惨败，并造成不可估量的影响。1943 年，我逐渐意识到这一点，因此同意推迟"霸王"作战计划，虽然我充分理解苏联盟友的烦恼和愤怒。

我们一旦确定要到 1944 年才能横跨海峡之后，便清楚地知道需要迫使敌人在地中海作战。我们只有在西西里岛和意大利登陆才能够对敌军展开大规模进攻，并从轴心国的薄弱环节下手。为了达到这一目的，我请求总统让我于 1943 年 5 月携马歇尔将军从华盛顿前往阿尔及尔，总统同意了。我将随着事件的进展对这一切加以更加详细的叙述。

第四章

FOUR

行走在华盛顿和渥太华

抵达白宫——英美介入法属北非——大同盟计划——赫尔先生和"自由法国"运动——澳大利亚的忧虑——我在美国国会做演讲——西南太平洋司令部——任命韦维尔将军——前途无望的任务——渥太华之行——预测战争未来趋势

我们原来打算乘船溯波托马克河而上，然后驱车前往白宫，但是在经历了十天的海上航行之后，所有人都想尽快抵达目的地。于是，我们计划从汉普顿乘飞机，最终于 12 月 22 日傍晚抵达华盛顿机场。总统在车里等候我们。我们愉快地握了手，他的手十分有力。不久，我们抵达白宫——这个我们在接下来的三周里的"家"。罗斯福太太也热情欢迎我们，她的照顾十分周到。

我不得不承认，我头脑中的事务太多，所以出访的那些日子在记忆中只留下了一个模糊的印象。当然，最深刻的印象就是跟总统的交流。我们每天见面几个小时，并且经常一起用午膳，哈里·霍普金斯经常陪着我们。我们只谈论公事，并在大小事务上达成了诸多共识。晚餐是一种社交场合，但氛围同样亲密友好。总统十分注重礼节，亲自倒了第一杯鸡尾酒，我把坐在轮椅上的总统从客厅推到电梯上以示尊敬，这让我不禁想到沃尔特·雷利爵士把他的斗篷铺在伊丽莎白女王面前。随着友谊的加深，我对总统的喜爱也日渐加深，他是一位令人敬佩的政治家，他把自己的心思投入到美国事业长达十年之久，他的想法时常跟我产生共鸣。我们俩都习惯性地喜欢在床上工作，他经常到我房间与我讨论问题，他还鼓励我多去他的房间。霍普金斯先生的房间在我的对面，他的隔壁房间就是刚刚为我布置的地图室。总统

先生对皮姆上尉布置的地图室十分感兴趣，他经常到这里来研究显示着各个战区的地图。地图很快挂满了墙面，并且准确快速地记录着舰队和军队的一举一动。不久后，总统自己也设立了一间类似的地图室。

访问期间的时间都是以小时来计算，日子一天天过去。我很快意识到，圣诞节之后我要在美国国会做演讲，并在几天后前往渥太华在加拿大议会上演讲。这些重大场合对体力和精力要求极高，除此之外，我每日还要参与磋商、处理日常事务。事实上，我甚至不知道我是怎样完成这些任务的。

＊　　　＊　　　＊

22 日晚，我与总统的第一次谈话被记录并保存下来。我跟总统和美方的其他与会人员讨论了介入法属北非的计划。总统在这时还没有读到我在船上写成的文件，我直到次日才交给他。不过，他显然仔细研读了我于 10 月 20 日写给他的信，因此发现我们俩的观点基本一致。在发回国内的报告中显示，我们在抵达当晚就与总统深入讨论了很多问题。

首相致战时内阁和参谋长委员会：

1. 总统和我昨晚（12 月 22 日）讨论了北非局势。赫尔先生、韦维尔先生、霍普金斯先生、比弗布鲁克勋爵和哈利法克斯勋爵都参与了讨论。

2. 我们一致认为，如果希特勒在苏联受阻，他一定会另寻他法，而他最有可能采取的线路就是从西班牙和葡萄牙进入北非。鉴于我们在利比亚取得胜利并可能携手作战的前景，希特勒一定想（如果他有这个能力的话）早日拿下摩洛哥。报告显示，希特勒暂时不会轻举妄动，因为他现在手头的麻烦事儿还很多。

3. 我们一致认为，在西北非洲和大西洋群岛上对德国人

采取先发制人的措施十分重要。且不说别的，那两艘战舰——"让·巴尔"号和"黎歇留"号就足够诱人。所以，讨论的内容不是该不该先发制人，而是如何先发制人。

4. 提出的各种建议：

（1）美国政府将会以强硬和坚决的语气告知维希政府，这是他们最后一次决定立场、光复法国的机会。因此，我们准备邀请贝当派遣魏刚作代表到华盛顿参加同盟国会议。

（2）鉴于英国将挺进北非，美国参战并有意向北非派出一支军队，我们将以此跟魏刚进行交涉。

5. 有人认为，贝当和魏刚可能一方面会给我们敷衍讨好的承诺，另一方面给德国人通风报信。若果真如此，我们最好还是先制定好进入北非的一切可能计划，不管北非允不允许。我着重指出，美国对于此事的介入会给法国和北非的法国军队造成心理影响。赫尔先生认为，随着事态的发展，北非可能会出现一位新的领导人。

总统说，他迫切希望美国地面部队能尽快支援拥有最大益处的地方，并赞同派兵进入北非的计划，不论北非是否允许。

6. 大家同意把这项计划交给各参谋部研究，基于我们要对德国先发制人，而且利比亚战役跟预期一样顺利。我们都同意船舶运输是个极其重要的问题。

7. 我陈述了利比亚战事的进展情况，总统和其他美国官员显然对此感到吃惊，但同时也受到了鼓舞。

8. 会谈中，总统提到他将派遣三到四个师前往北爱尔兰来替换我们的军队。我对此表示热烈欢迎，并说我希望这些美国师中能有一个装甲师。我们都认为派兵北爱尔兰并不会与美国派兵北非相冲突。

1941 年 12 月 23 日

*　　*　　*

一两天后，总统向我提出的首个主要计划就是起草一份庄严的宣言，这项宣言将由与德意日交战的各国签署。总统和我在起草各份宣言时借鉴了起草《大西洋公约》的方法，然后再把各份宣言结合在一起。我们俩无论是在原则上、感情上还是言语上都不谋而合。我国的战时内阁对同盟国规模之大感到震惊与兴奋。当时有很多电讯往来，也出现了一些问题，例如哪些政府和当局应该签署宣言，签署的顺序又该是怎样的。我们欣然把首位给予美国。战时内阁当然不愿把印度作为一个单独的主权国家。为了把"自由法国"包括在内，我在宣言中使用了"当局"一词，但赫尔先生反对使用这个词，因为当时"自由法国"不受美国国务院的喜欢。

这是我第一次会见科德尔·赫尔先生，我跟他进行了几次会谈。在我看来，他那时似乎跟总统的接触不多。在这么多大事面前，他却被一件小事困扰，这让我十分诧异。我离开英国之前，戴高乐将军曾通知我们，他将解放圣皮埃尔和密克隆岛，这两个岛现在由维希总督罗贝尔海军上将驻守。"自由法国"的海军的确有能力解放这一区域，而且英国外交部看不出反对的理由。然而，美国国务院随后却表示希望能够由加拿大远征军前去占领这一区域。因此，我要求戴高乐将军立即收手，他同意了，可是他却命令米塞利埃上将攻取这些岛屿。"自由法国"的海军受到了当地人民的热情拥戴，而且一次公投显示，百分之九十的当地人民反对维希政府。

这事对赫尔先生并未产生什么影响。他认为"自由法国"这种行为违背了美国国务院的政策。他在圣诞节发表的演讲中说道："我们最初的报告显示，'所谓自由法国'船只在圣皮埃尔和密克隆岛采取的行动是一种武断的行为，违反一切有关方面的协议，并且事先也未通知美国政府或征得美国政府的同意"。赫尔先生想把"自由法国人"从这两个刚刚解放的岛屿驱逐出去，但美国舆论却不这么认为，美国

民众很高兴这两个岛屿能够在如此重要的时刻得到解放，因为这个岛上设有一个令人憎恶的电台，这个电台向全世界散布维希政府的谎话和毒素，甚至可能还向德国潜艇发送秘密信号来攻击美国船只。所以，"所谓自由法国"这个称呼并不得人心。

　　我知道赫尔先生能力出众，我也十分尊敬他，但我认为他把部门内的问题扩大到了更大的范围。根据我与总统的日常谈话，我看出总统对此也束手无策。毕竟，我和总统还有更多要紧的事情要处理。在英国外交部的敦促下，我支持了戴高乐将军和"自由法国"。各种各样的美国和法国书报对此次事件进行长篇大论的叙述，但这并不影响我们的主要讨论。

　　一天下午，海军部长诺克斯先生走进我的房间，表情苦恼。他说："您经历过许多大风大浪，我希望您能给我一点建议。我们命令舰队跟日本作战从而解放威克岛，但是几小时后，舰队司令决定返回来。您要是碰到这种情况该怎么办？"我说："干涉舰队司令的决定是比较危险的，尤其是当他们说他们不能做某件事时。他们总是有理由，比如天气、燃料或者其他理由。"那天，威克岛沦陷。一小部分美国海军陆战队做了殊死抵抗，他们在被杀或被俘虏之前也给日本造成了一定的损失。

　　我们必须体谅澳大利亚政府的心境，因为他们受到骇人高效的日本战争机构的威胁。澳大利亚失去了太平洋控制权，三个最好的师在埃及，还有一个师在新加坡。他们一方面担心新加坡的安危，另一方面害怕澳大利亚会被侵略。澳大利亚的大城市分布在海岸地区，人口占全国总人口的一半。他们面临着向内陆撤离，还要在没有兵工厂和供给的情况下成立游击队。母国的援助路途遥远，而且美国的军事力量在澳大利亚水域只能慢慢建立起来。我个人不相信日本会跨越三千英里海洋来攻打澳大利亚，荷属东印度和马来亚对他们来说更具吸引力。但澳大利亚政府不这么认为，他们总是有种不祥的预感。即使在这样危急的时刻，他们还充斥着党派之间的斗争。工党政府只占两票优势，他们甚至反对以防御国土为目的的义务兵役制。虽然允许反对党参加军事会议，但却一直没有成立联合政府。

我致电柯廷先生：

首相致澳大利亚总理：

1. 日本加入战争后，我们就立即派英国第十八师（他们正乘着美国运输舰绕道好望角）前往孟买和锡兰，并且罗斯福总统已经同意让搭载英国主力旅的美国"蒙特弗农"号运输舰直接前往新加坡。我们取消了把印度第十七师从印度调到波斯的计划，并派遣这个师去马来亚。一周之前，我从船上给伦敦发去电报，建议从巴勒斯坦调一个澳大利亚师去印度代替其他军队，或者如果安排得当，可以调这个师直接去新加坡。我已经告知军事部门，不要把用来保卫新加坡和柔佛的所有军队都派去保卫马来半岛的北部。这些军队要缓慢撤退，一面打拖延战，一面破坏敌军的交通线。

2. 美国和我们都在海上遭遇了重创，因此日本才得以派遣大批援军登陆。不过，您在 12 月 24 日发给凯西先生的电报说新加坡要塞可能会过早沦陷，我们对此并不赞同，因为我们决心以最大的毅力去守卫这个要塞。

3. 您应该已经得知，我们的空中支援正在路上。我们在利比亚即将取得胜利，但是如果现在不顾奥金莱克将军的意见而调走他手头的兵力，以致放松了对隆美尔和利比亚的控制，那是不明智的。我们已经让中东的各位司令去拟定一个计划，一旦利比亚局势稳定后就派遣战斗机和坦克前往新加坡。

4. 我和三军参谋长与总统和他的顾问们正在密切磋商中，已取得了不小的进展。总统他们意识到了保住新加坡的重要性，但同时，他们也急于从澳大利亚运送一批军队和飞机前往菲律宾岛。如果菲律宾岛沦陷，总统同意把这批军队运往新加坡，也乐意派遣大量兵力去澳大利亚，这样他们就

可以在澳大利亚建立重要基地攻击日本。韦维尔将军被任命为缅甸和印度的总司令，并奉命把运到印度的物资运往马来亚和缅甸前线。跟其他人一样，他也意识到了新加坡极其重要。波纳尔将军已经抵达新加坡，他是一位能力出众的陆军军官。

5. 请相信，我将全力加强从仰光到达尔文港的整条战线。我正在同美国盟友合作。更确切的消息将在一两日内告知您。

1941 年 12 月 25 日

*　　*　　*

我们只简单地庆祝了一下圣诞节。白宫花园摆放着一棵传统的圣诞树。总统和我站在阳台上做了简短的演讲，阳台下聚集了一大批人，他们面色凝重。我敢于把我的演讲稿再次展示出来，因为这些言语是在那样的场合下从我心底迸发出来的：

今年的圣诞节我远离祖国、远离家人，但我却并未感受到与家乡相隔万里。也许是因为我母亲是美国人，也许是多年来我与美国产生了深厚的友谊，也许是因为两个伟大民族的崇高事业使然，这两个民族说着同一种语言，跪拜同样的圣坛，追求着一样的理想，因此我在这里——美国的中心和制高点，并不觉得自己是个异乡人。相反，我感受到了团结、友情和你们热烈的欢迎，这让我不禁想与你们坐在炉火旁一同分享此时的欢乐。

这是一个奇怪的圣诞夜前夕。几乎所有国家都处在水深火热之中，各国用最可怕的武器相互攻击。这个圣诞节很不幸，因为正是对他人土地和财富的贪念、巨大的野心、对物质的欲望才让世界陷入这般田地。虽然战争如暴风雨般席卷全球，步步逼近我们的家园，但在今夜，每家每户、每个豁达的人都享受着精神上的平静。因此，至少在今夜，我们可以暂时抛开身边的困扰和危险；至少在今夜，孩子们可以无忧无虑；至少在今夜，英语世界的家家户户都应该充满宁静与祥和。

让孩子们嬉戏玩耍一晚吧，让圣诞老人的礼物给他们带来惊喜吧！让大人们和孩子们尽情地享受今夜吧！明天，我们再一起努力克服前方的千难万险，一起努力保护孩子们的遗产，一起努力为孩子构建一个自由温馨的世界。

托上帝的仁慈，祝大家圣诞节快乐！

我和总统在圣诞节当日一同去了教堂，我在简单的仪式中获得了安宁，我还欣赏了优美的赞美诗，其中有一首《啊，小城伯利恒》我从未听过。相信对于有精神信仰的人来说，这一切足以坚定他们的信念。

* * *

我怀着激动的心情受邀在美国国会发表演讲。对于英语联盟国家来说，这一场合十分重要。我此前从未在外国国会发表过演讲。我母亲那边的男性世系上溯五代有一名在乔治·华盛顿军队服役的军官，由于这种血缘关系，我便感到我有权利就我们共同的事业发表演说。虽然这种渊源颇为奇怪，但我感觉这是冥冥之中上天安排好的。

圣诞日当天，我大部分时间都在准备演讲。12月26日，我在参众两院领袖的陪同下从白宫前往国会大厦，总统祝我一切顺利。宽敞的大道两旁挤满了群众，安保人员把他们远远隔离开，两边还分别有两三辆武装便衣警察驾驶的摩托车护送，安保级别远高于英国。一下车，就有很多群众欢呼雀跃，油然而生的手足之情让我想跟他们亲密接触，但这是不被允许的。走进国会大厦，里面的景象十分壮观，让我印象

深刻。从一排扩音器向下看，整个半圆形的大厅座无虚席。

我不得不承认，我有种宾至如归的感觉，甚至比在英国国会演讲更加有信心。我的发言受到了所有人的关注和拥护，听众能够跟随我的思路一起欢笑、鼓掌。观众反应最热切时，是当我提到日本的暴行，我问道："日本人如何看待我们？"我从这次庄严的集会中看到了美国民族的强大力量和坚定意志。谁会怀疑一切会越来越好呢？

结尾处我如是说道：

参众两院的各位议员，讲完当前动乱，我再用片刻来讲一下未来的广泛基础。我们在此共同抵御一群要毁灭我们的强大敌人；我们在此保卫对于每一个自由人来说都极其珍贵的东西。在我们这一代，世界灾难发生了两次；在我们这一生，命运之手两次跨越海洋把美国拉入战争。如果我们在一战之后就团结在一起，并共同采取措施维护和平，战争的魔咒就不会有机可乘。

难道我们没有责任为我们自己、为我们的孩子、为饱受磨难的人们去防范第三次世界灾难吗？事实证明，旧世界爆发的可怕瘟疫一旦传染给新世界，新世界就会在劫难逃。因此，出于职责和谨慎，第一，我们要小心谨慎，及早发现仇恨和复仇的病毒；第二，我们要成立适当组织来尽早把瘟疫扼杀在摇篮里。

五六年前，英国和美国本可以不费一兵一卒地让德国履行战后裁军条款，也有机会来确保德国获得我们在《大西洋宪章》中所宣布的原料（战胜国战败国皆可获得）。我们已经失去机会了。因此，如果还有人说我们需要大力槌击才能把大家团结起来，或者，如果你们允许我用别的语言，我会说，如果还有人看不到我们正在这里努力地完成一些宏伟的目标和计划，那么他一定是心灵受到蒙蔽。我们无法窥探未来的奥秘。但我仍要坚定地承诺，在未来的日子里，英国和美国人民为了两国的安全和利益，将会携手并进，永葆虔诚、正义、和平之心。

后来，那些领袖随我出来走近围绕着议事厅的群众，我向他们致以亲切的问候；然后秘密警察和他们的汽车又在我们的左右护卫行驶，把我送回白宫，总统听了我的演讲，他说我讲得很好。

* * *

华盛顿正紧锣密鼓地进行着各种活动。在连续开会讨论的这些天里，我猜想总统和他的部下们一定正在筹备一份准备向我提出的重要提议。美国的军事部门和商务部门、生产部门一样，在考虑问题时会倾向于得出更广泛、更全面、更有逻辑的结论。他们的实际想法和实际行动正是建立在这些结论之上。他们认为，一旦基础搭建好了，剩下的步骤就会自然而然地形成。但英国人的思维却与此不同。我们认为，在风云变幻的局势之下，清晰明确的原则并不一定是解决问题的唯一方法，尤其是在战争中，我们更看重随机应变和灵活变通，我们更倾向于随着事态的演变而行动，而不是事先做好决定再掌控全局。这两种意见都有争议的余地。分歧在于着重点不同，这却是根深蒂固的。

哈里·霍普金斯说："在您知道我们的意向人选之前，请先不要急于拒绝总统提出的计划。"从他的话里我听出，我们即将面临的问题就是要在东南亚成立盟军最高司令部并划定界线。

次日，我得知美国的意向人选是韦维尔。我很欣慰美国选择了一位英国司令官，但据我看，韦维尔即将作战的战场很快就会被敌人攻陷，他手头的兵力也会迅速被日本摧毁。我发现英国三军参谋长得知此事后跟我的反应一样。

有记录显示，我在 12 月 26 日的一次会议上说，我根本不相信这个计划可行。"那里的局势要求我们必须要据守一些战略据点，每个地

点的总司令必须清楚自己应该怎么做。难点在于如何运用到达各地区的物资，但这个问题只有有关政府能够解决。"虽然如此，不过我们显然必须尊重美国的意见。

*　　*　　*

艾登先生和内阁致电恭喜我在国会成功发表演说，在回信中我向他提出了西南太平洋司令部的问题。

首相致掌玺大臣：

1. 我很高兴你们对我的演说表示满意。美国人民对我的欢迎十分热烈。这里的工作繁多。今天，我跟总统花了五个小时接待其他同盟国的代表、友邦代表和英国自治领代表，并说了一些鼓舞人心的话。我跟总统的对话越来越亲密。比弗布鲁克也在供给问题上取得了巨大的成功。

2. 西南太平洋的统一指挥是个急迫的问题。昨夜，总统催我指定一名军官指挥英、美、荷的海陆空军。今天早晨，马歇尔将军应邀来拜访我，他非常坚定地主张这件事。美国海军当局却持相反观点，不过可以肯定的是，一定要制定出一份新的、意义深远的计划。总统心仪的人选是韦维尔将军。马歇尔很明显已经就此事拟定了一份详细的计划并撰写了一份指示信。虽然我很欣赏美国的慷慨，但迄今为止我都对这个计划持批判态度，并十分担心这对美国舆论造成的影响。三军参谋长一直在研究这个问题，他们得出结论后我会立即告诉您我的建议。

3. 明天下午我会前往渥太华，逗留整整两天，并于周二在加拿大议会发表演讲。随后将回美国再待三四天，因为在美国还有很多事情要处理。我们正努力寻找军队运输所需的船只。请向所有同僚致以最诚挚的问候。在如此坚实的基础上工作实在是一种欣慰。

1941 年 12 月 28 日

在收到国内的意见之前，我觉得有必要满足总统和马歇尔将军的意愿。事态发展得太快，以至于就大西洋问题进行了长时间的讨论。28 日，我跟总统举行了会议，并跟下属们草拟了以下电文，仔细斟酌每个字眼来叙述事实。

首相致掌玺大臣：

1. 在内阁批准后，我已经同意接受总统提议，该提议也受到马歇尔将军的极力推崇：

（1）应该在西南太平洋建立统一的指挥。具体界线还未定，但姑且认为包括马来半岛、缅甸前线并一直延伸到菲律宾群岛，向南延伸到供应基地，主要包括达尔文港和南澳大利亚的供应基地。

（2）应任命韦维尔将军为美国、英国、英帝国和荷兰的海陆空总司令，如果愿意，可称之为最高司令。

（3）韦维尔将军的本部应该设在泗水，还要任命一名美国军官为副总司令。布雷特将军可能是合适的人选。

（4）根据上述（1）（2）条总则，战区内美、英、澳、荷的海军应受美国海军司令指挥。

（5）韦维尔将军可在南太平洋地区成立一个参谋部，地位相当于福煦将军在法国的英法参谋部之上设立的高级统辖参谋部。韦维尔将军将从联合机构中接受命令，这个联合机构对作为国防大臣的我和作为美国军队总司令的总统负责。

（6）韦维尔将军麾下的主要司令官有缅甸总司令、新加坡和马来亚总司令、荷属东印度总司令、菲律宾总司令和经由南太平洋和北澳大利亚的南部交通线的总司令。

（7）除上述外，印度将会任命一位代理总司令，澳大利

亚则会有自己的总司令,这个地方将不在韦维尔将军的辖区内,成为英美两国运送人力物力前往战区时所经过的两大基地。

(8) 美国海军将继续对菲律宾群岛和大洋洲以东(包括美国到大洋洲的通路在内的整个太平洋)负责。

(9) 我们正在为最高司令草拟一份训令,这份训令将保护各国政府的剩余利益,并大致规定总司令的任务。您将很快拿到这份训令。

2. 对美国这份大公无私的提议,我没有明确表示支持或反对,把这份提议作为一种制胜方法,我相信它具有一定优点。行动紧急,我1月1日从加拿大返回美国的那天,或许就要见诸实行了。我们当然要征求澳大利亚、新西兰和荷兰的意见,但是要等我收到内阁的消息才能去跟他们商议。如果没有异议的话,此间工作人员将商定细则。

1941 年 12 月 29 日

首相致掌玺大臣:

事情进展得很快。对于我在上一封电报中提出的安排,总统已经获得了美国陆军部和海军部的同意,三军参谋长也表示赞同。所以,我现在只等您的批准。一旦您同意我就去告诉总统,总统便会立刻通知荷兰。外交部也会照例行事。

您也应当把以下电文发给韦维尔将军。我们的工作人员正在研究细节,同时也跟美国人商量讨论。需要重新审视达夫·库珀使团的地位,无论如何不能把问题复杂化。请告诉我您的想法。

我只有通过您才能向国王转达事情的进展,并获得他的批准。

1941 年 12 月 29 日

韦维尔接受我给他的这一任务肯定是出于高度的责任感。但几乎可以确定，在此混乱之际，他必将承受失败之重担。

首相致掌玺大臣：

一旦内阁批准总政策，请将以下电函交给韦维尔将军：

1. 总统和他的陆海军顾问们告诉我，统一西南太平洋的指挥权十分紧迫，大家一致希望（尤其是总统和马歇尔将军），您能够担任该战区的同盟国海陆空最高司令。训令正在拟定，具体内容即将颁布。虽然我希望涉及的没有先例的各个条款能够让您安心，但是我当然会考虑您的意见。

2. 我相信，您一定会知道我们对您非常有信心，所以我要求您即刻接受这项任务。由于事态紧急，三军参谋长委员会对细节的研究绝对不能耽误进度，所以我们必须最迟在1月1日，也就是周四发布公告。

3. 您是唯一一个拥有丰富经验、处理过诸多战区事务的人。您知道我们会鼎力支持您，让您受到公平的待遇。我们都知道现在局势比较黑暗和凶险。总统会宣告，是他选择任命您的。

4. 请让我知道您对于参谋部的意见，这个参谋部实际上是个前线参谋部而不是指挥部。如果您愿意让波纳尔担任您的参谋长，那么珀西瓦尔则担任新加坡和马来亚的司令。

1941 年 12 月 29 日

*　　　*　　　*

12 月 27 日，我把以下电文发送给艾登先生。

首相致掌玺大臣：

非常感谢您同意我在美国多做停留。

12月30日（星期二），我将在加拿大下院发表演说，但我完全不可能在新年期间返回英国下院再进行一次演讲了。

1941年12月27日

12月28—29日，我乘坐夜间火车前往渥太华，住在总督阿斯隆勋爵处。29日，我参加了加拿大内阁的一次会议。随后，总理麦肯齐·金介绍我认识反对党（保守党）的领袖们，并让我跟他们进行讨论。这些绅士们忠诚无比、信念坚定，但他们同时也叹息没能亲自参加战争，而只能听命于反对党（即自由党），毕生拥护他们提出的意见。

30日，我在加拿大国会发表了演说。在繁忙的政务工作中抽空准备这两篇越过大西洋、传遍世界的演讲，对我来说实在是一件费力的工作。对于一个经验丰富的政治家来说，发表演说并不困难，困难的是在这样一种氛围中选择说什么和不说什么。我尽我最大的努力去做好这次演讲。演讲中最成功的一点，莫过于我提到了维希政府，而加拿大跟维希政府仍有联系。

（1940年）去北非是他们的责任，也是他们的利益所在，他们在那里本会居于法兰西帝国的领导地位。在我们的帮助之下，他们可能在北非掌握强大的制海权。他们会得到美国的认可，还可以利用他们在海外存储的所有黄金。如果他们果真这样做了，那么意大利便会在1940年末之前被迫退出战争，法国也能够在同盟国会议和战胜国会议上作为一个独立国家而占有一席之地。可是他们的将军把他们引入了歧途。我曾警告过他们，不管他们做什么，英国都会独自战斗到底，而他们的将军却对总理和四分五裂的内阁说："三周之内，英国就会像只小鸡那样被拧断脖子。"竟然说出小鸡、脖子这样恶意的话！

演讲进行得很顺利。为了回顾过去，我引用了哈里·劳德爵士有关上次大战的歌曲，开头是这样的：

> 如果我们能够回顾过去的历史，
> 我们便能知道我们现在在哪。

我的讲稿上本来写的是"伟大的老喜剧家"。演讲的时候我突然想到了"游吟诗人"这个词。多么好的词啊！我很高兴地得知哈里·劳德也在聆听我的演讲，并很高兴我引用了他的歌词。我十分欣慰我找到了恰当的词来形容他，一直以来，他都用激动人心的歌曲和无畏的人生为苏格兰和大英帝国而奋斗。

在演说结尾，我大胆地对战争做出预测：

> 我们可以看看当前战争的三个主要时期或阶段。第一个阶段是巩固、联合和进行最后准备阶段。这一时期将会有艰苦的斗争，我们要汇聚力量，顽强抵抗，尽力取得空中优势和尽量多的船舶吨位，这样才能够让我们的军队跨越大洋大海（除苏联外）。只有当你们所支援的美国船舶建设工程取得进展时，我们才能够投入全部的人力和现代科学装备来打击敌人。这一过程会持续多久取决于军事工业和船务的生产力度。
>
> 即将开始的第二阶段可以被称为解放阶段。在这一阶段，我们必须要收复已经失去的土地或可能失去的土地。在解放部队和空军抵达时，被压迫的人民要及时反抗。为了达到这一目的，所有被征服的国家、地区和政府都不能够在救援日有所松懈，无论是精神上还是物质上。侵略者（无论是德国还是日本）就如同感染恶疾的人一样，应当离得越远越好。如果不能主动抵抗就必须维持被动抵抗。我们必须让侵略者和独裁者感觉到，他们的胜利只是昙花一现，必会遭到我们

的有力反击；他们是网中之鱼，他们的诡计必将粉碎。至于充当敌人工具的卖国贼和叛徒，他们必将受到特别严厉的惩罚，将他们交由他们的同胞审判。

第三个阶段就是进攻欧亚两洲犯罪国家的本土，此阶段还需加以筹划。

所以，我试图借用几句话来照亮晦暗不明的未来。然而，在走向未来的道路上，我们不能忘记，敌人的力量和行动会处处影响到我们的命运。而且，你们应当注意到，我没有给各个阶段设定期限，这些期限取决于我们的行动、我们的成果以及战争的进程。

我很幸运，华盛顿和渥太华的演讲都很合时宜。发表这两篇演说时，恰逢我们刚好建立了伟大的同盟，大家都为它带来的无穷潜力而欢欣鼓舞，而且日本还在准备长远的攻击，还没有给我们带来灾难。虽然我在演讲时信心十足，但是我能够感受到即将有鞭子抽在我们的身上。在日本的袭击之下，不仅英国、荷兰，还有美国，都在太平洋、印度洋以及所有亚洲陆地和岛屿上付出了惨痛的代价。摆在我们面前的是一场不可避免的灾难。在曙光到来之前，我们必然要经历黑暗、痛苦的磨难。元旦前夕，我乘火车返回华盛顿，途中受邀前往另一节车厢，那里有很多美国媒体记者。我没有幻想要祝贺他们新年快乐。"1942 年即将来临，这将是艰苦的一年——这一年会充满磨难，充满危险；这一年距离胜利还有一段距离。希望我们都能够平安、光荣地度过这一年。"

第五章

FIVE

英美齐心

签署《联合国公约》——美国派兵前往北爱尔兰——约翰·迪尔爵士的特殊地位——比弗布鲁克勋爵的"发酵"——美国大规模扩大供给商船产量——亚历山大传来坏消息——意大利的"人控鱼雷"——地中海作战舰队失去战斗力——对埃及的空中增援——对印度自治政府的建议不合时宜

我回到白宫之后，《联合国公约》的签署工作已经准备就绪。曾经，华盛顿、伦敦和莫斯科之间有许多电报往来，但现在所有问题都处理好了。总统曾全力说服苏联大使李维诺夫（他最近因时局转变而得势）接受"宗教自由"一词，还特意邀请他共进午餐。但李维诺夫在苏联国内吃尽苦头，之后不得不处处小心。后来，总统单独和他长谈，涉及他的灵魂问题和地狱之火的危险问题。总统后来在一些不同的场合向我们披露了谈话的内容，给我留下了深刻印象。有一次，我的确向总统许诺，如果他下次竞选总统失败，那么我一定推荐他去做坎特伯雷大主教。然而，我并没有向内阁和国王正式推荐过他，随着他在 1944 年竞选中胜出，这一问题也就不了了之。李维诺夫战战兢兢地向斯大林汇报了"宗教自由"一事，而斯大林理所当然地接受了这件事。战时内阁还就"社会保障"提出了一些观点，作为第一次失业保险法的起草人，我欣然同意了内阁的观点。一周内，在大量电报穿梭于世界各地之后，同盟国内部终于达成了一致。

"联合国"的名称由总统提出，用来代替"协约国"这个名称。我认为这是一个重大的改进。我向总统展示了拜伦《恰尔德·哈洛尔德游记》中的几句诗：

这里，联合国家拔剑之地，

同胞们当日浴血奋战之地！

这里和这一切都将永垂不朽。

1月1日早晨，总统坐着轮椅来到我的房间。我刚从浴室出来，同意了宣言的草稿。虽然这份宣言本身并不能赢得战争的胜利，但它说明了我们的立场和我们作战的目的。新年那天，罗斯福总统、我、李维诺夫和中国代表宋子文在总统的书房签署了这份神圣的文件，随后，国务院将去收集其他二十二个国家的签名。这里将宣言的最终文本记录下来。

美利坚合众国、大不列颠与北爱尔兰联合王国、苏维埃社会主义共和国联盟、中国、澳大利亚、比利时、加拿大、哥斯达黎加、古巴、捷克斯洛伐克、多米尼加共和国、萨尔瓦多、希腊、危地马拉、海地、洪都拉斯、印度、卢森堡、荷兰、新西兰、尼加拉瓜、挪威、巴拿马、波兰、南非和南斯拉夫联合宣言。

本宣言签字国政府同意1941年8月14日美利坚合众国总统和大不列颠与北爱尔兰联合王国首相发表《联合宣言》（又称《大西洋宪章》）中所包括关于目的和原则的共同纲领。

深信完全打败敌人才能保卫生命、自由、独立与宗教自由，维护自己和他人手中的人权和正义；深信它们现在正共同对抗企图征服世界的野蛮和残暴势力。特此宣告：

1. 每个国家的政府保证使用它的所有军事或经济资源，反对同它处于战争状态下的三国公约成员国及其附从国家。

2. 每个国家的政府保证同本宣言各签字国政府合作，不与敌国单独停战或媾和。

正在或可能为战胜希特勒做出物资援助和贡献的其他国家都可以参加以上宣言。

* * *

在我向总统提出的所有要求中，我一直把向北爱尔兰派遣三到四个美国师放在重要位置。我认为，美国派六万到七万美国部队抵达厄尔斯特将表明美国对欧洲直接干预的决心。这些新招募的部队能够像在国内那样在厄尔斯特完成训练，同时又能够成为一个战略因素。德国当然会认为这对于他们入侵英国是个额外的威胁。我希望敌人能高估登陆的美国陆军人数，这样敌人就会继续关注西部。除此之外，美军横跨大西洋登陆北爱尔兰能够让我们把训练有素的英军调往中东或北非（我一直念念不忘）。虽然没有多少人对这种想法持乐观态度，但是这却是同盟军队开往摩洛哥、阿尔及利亚或突尼斯的第一步，这一想法一直萦绕在我心头。总统完全察觉到了这一点，所以虽然我们没有给这个概念赋予明确的形式，但是我们俩的思想是一致的，只不过现在还不需要深入地谈论细节。

陆军部长史汀生和他的专家团也认为，派兵进入北爱尔兰的计划跟他们进击欧洲的计划相契合。所以，一切都进展得很顺利。我迫不及待地想让敌人知道这个战略计划，所以将其公之于世，当然没有说出具体人数。我们还希望这个计划能够把德国军队牵制在西部，这样多少能帮助到苏联。我们当然不能让英国民众和媒体知道这其中的缘由，因此也招来不少批评。例如有人问："为什么要把美国军队送到厄尔斯特？送到新加坡不是更好吗？"后来我了解了大家的看法后，我想起了亚历山大·蒲柏的诗：

> 诸神啊，让时间和空间湮灭，
> 让情侣幸福吧。

当然，实际上不太可能派出军队行进那么远的路，并及时发挥效用。

＊　　＊　　＊

我把所有这些决策汇报给战时内阁。

首相致掌玺大臣：

1. 您将收到两封关于昨天事情的电文。总统为正在通力合作的国家取名"联合国"。这比"同盟国"好多了，因为"同盟"两字不符合宪法，而"协约国"又太过平淡。

2. 宣言的最后一段中不能出现"或当局"字样，因为李维诺夫是个死板的人，他在国内吃尽苦头之后显然变得畏畏缩缩。在信函交流之后，最终确定"国家"一词包含当局，如自由法国，或在西班牙、北非和德国出现的起义组织。由于有三十个国家都得到通知，所以消息一定会走漏，必须要采取行动。总统也期待 1 月 1 日的签字。

3. 请迅速把训令发给韦维尔。在这里，我们还要考虑到美国的意见，因为我们不再是一个人，而是与美国同舟共济。我个人支持把缅甸纳入韦维尔的作战区域；但是缅甸当地的总司令要以印度为根据地，而且有自己的事务要处理。韦维尔还要与蒋介石密切往来，因为蒋介石似乎对韦维尔和布雷特没什么好感。

4. 大批美国军队和空军将会立即进入北爱尔兰，我们正集合船只为"超级体育家"计划做准备。

5. 我们住在这里就如同一家人一样亲密无间，而且我对总统越来越尊敬。他博闻强识、信念坚定，对崇高事业忠诚之至。这里，大家没有因为即将到来的不幸而感到担忧或惊慌失措，人们认为不幸是必将到来的，但这些不幸会由我们的军队弥补。当然，公众不久就会进行一番争论。

6. 请代我感谢战时内阁的新年祝福。我很高兴您喜欢我

在加拿大的演讲。加拿大的热情接待让我感动。

1942 年 1 月 3 日

*　　　*　　　*

未来的历史学家们可能认为，我们第一次华盛顿会议（代号"阿卡迪亚"）最有价值的成果就是成立了著名的"联合参谋长委员会"。委员会总部设在华盛顿，但由于英国的三军参谋长必须居住在靠近本国政府的地方，所以就由常驻华盛顿的高级军官代表他们。这些军官代表每天都跟伦敦保持着密切的联系，所以他们能够随时把英国三军参谋长的观点转述给美国的同僚。代表们经常在世界各地举行会议，如卡萨布兰卡、华盛顿、魁北克、德黑兰、开罗、马耳他和克里米亚半岛，这些会议让各地长官聚首，有时甚至长达两周之久。战争期间，联合参谋长委员会召开了两百多场正式会议，其中至少有八九十场就是这样的会议，而且许多重大的决定就是在这样正式的会议中做出的。

一般会议的程序是，每天清晨各方参谋长自行会面；当天晚些时候，两方团队会面并共同举行会议；通常在晚上，他们还会再举行一次联合会议。他们会共同商议战争的整体局势，并把最终结论呈交给总统和我。我们跟参谋长的直接讨论主要是通过谈话或电报，彼此之间的交流十分密切。我们在全体会议上讨论专业顾问的建议，并把相应的指令发给战场的指挥官。不论会议上的争论多么激烈，不论言辞多么直率犀利，大家都忠心不二地以我们的共同事业为重。一旦各国政府首脑做出最终决定，大家就会忠心耿耿地拥护，尤其是那些本来意见不同的人会更加拥护决策。在达成一致的有效行动计划或向各个战区发送指令方面，从来没有失误过。每一位执行命令的军官都知道他所接受的指令是共同讨论的结果，包含了各国政府和专家的权威意见。同盟国从来没有设立比这个更有效的机构，这个机构其实一直保留至今，只是形式不一样而已，对此我感到十分欣慰。

苏联没有派代表参与联合参谋长会议。苏联的战线相距较远又比

较独立，因此参谋长没有必要也没有办法聚在一起开会。苏联和我们
知道彼此大致的行动范围和时间就足够了。在这类事情方面，我们尽
量在他们允许的范围内与他们保持密切联系。在恰当的时候，我将描
述我亲自前往莫斯科的经历。在德黑兰、雅尔塔和波茨坦，三国的参
谋长聚在一起商讨军事问题。

　　英美之间拥有共同的语言当然是一大优势，这样可以免除翻译带
来的停顿和误译。但是我们之间仍然存在不同的表达方式，这在早些
时候还闹过笑话。一名英国长官准备了一份紧急文件，希望美国同事
能够"列入议程"，但对于美国人来说，这句话的意思却是指把文件
放在一边不管。在经过一番激烈的争论之后，双方终于意识到原来他
们意见一致。

*　　*　　*

　　虽然迪尔元帅不再是帝国总参谋长，但他仍跟我们一同乘坐"约
克公爵"号出访，这其中的原因我已经说过。他在所有的讨论中都扮
演了重要角色，不但在船上如此，在跟美国人会面时也是如此。我看
出他在美国人面前具有很高的威望和很大的影响力。我们派出的英国
官员在美国从没获得过如此的尊重与信任。迪尔稳重谨慎、足智多谋
的性格几乎很快就获得了总统的青睐。与此同时，他还跟马歇尔将军
建立了真挚的同事关系和私人友谊。

*　　*　　*

　　生产领域也扩大了规模。在这些方面，比弗布鲁克是一个强大的
推动力。美国官方发表的战时工作动员文件对此提供了大量证明。美
国战时生产管理局长唐纳德·纳尔逊曾做了大量的生产计划。但美国
的记录记载道："比弗布鲁克勋爵在12月29日对纳尔逊产生了深刻的
影响，让纳尔逊明白了要更加大胆……"经过的情形，最好借用纳尔

逊先生自己的话语来描述一下：

> 比弗布鲁克勋爵强调，为了对付资源丰富又顽固的敌人，我们必须把生产目标定得比 1942 年更高。我们对于这样一场战争中的物资损失还尚无经验……他一遍又一遍地强调我们在制订战争物资计划时要把眼界放高一点。例如，他认为我们在 1942 年应该计划生产四万五千辆坦克，而不是努森先生估计的三万辆。

这份美国记载继续写道：

> 比弗布鲁克还把灌输给纳尔逊的思想灌输给总统。在给总统的一份文件中，比弗布鲁克勋爵把他所预计的 1942 年美国、英国、加拿大的生产量跟三国的需求做比较。对比发现，两者存在巨大的差距。其中，坦克缺少一万零五辆；飞机缺少两万六千七百三十架；大炮缺少两万两千六百门；步枪缺少一百六十万支。比弗布鲁克写道，必须提高生产目标，他坚信这些目标能够实现，因为"美国工业拥有巨大的生产潜力"。1942 年的生产目标应该包括四万五千辆坦克，一万七千七百门反坦克炮，两万四千架战斗机，同时高射炮的数量要翻一番。
>
> 最终的结果就是，这些生产目标远超出纳尔逊当初设定的目标。总统确信，美国工业生产能力应重新定义……他指出要完成一项军火生产计划，即在 1942 年生产四万五千架作战飞机、四万五千辆坦克、两万门高射炮、一万四千九百门反坦克炮和五十万挺机关枪。

我把这些好消息发回国内。

首相致掌玺大臣：

美国就供应问题举行了一系列会议。这些会议主要由总统和副总统主持召开。每天都进行谈判并讨论细节。总统和我在周五召开了一场会议，周六也有两场会议。最终结果如下：

决定把 1942 年美国商船的生产量增加到八百万吨，1943 年增加到一千万吨。新的 1942 年造船计划增加三分之一。

1942 年 1 月 4 日

1942 年和 1943 年的作战武器生产计划最终决定如下：

武器	1942 年	1943 年
作战飞机	45000	100000
坦克	45000	75000
高射炮	20000	35000
反坦克炮	14900	未定
地面和坦克用的机关枪	500000	未定

新的 1942 年计划表明 1942 年的生产量有所增加，美国参战后曾计划如下：

作战飞机	31250
坦克	29550
高射炮	8900
反坦克炮	11700
地面和坦克用的机关枪	238000

已经向各有关部门下达指令。本星期（总统）给国会的咨文将简略地叙述生产计划。预算将包括必要的财政项目。

马克斯此次任务完成得非常好，霍普金斯简直是天使。

希望您对生产计划产量的增加感到欣喜。

到 1943 年底，这些计划都被完成甚至超额完成。例如，美国新的船舶吨位如下：

1942 年	5339000 吨
1943 年	12384000 吨

* * *

我在华盛顿的行程十分繁忙、紧凑，我一直在思索整场战争，不断跟总统和各位顾问讨论，其间还发布了两场演讲并访问了加拿大，每天要处理大量事务，还要跟国内保持通信，这让我筋疲力尽。美国朋友觉得我看上去十分疲惫，建议我休息一下。斯特丁纽斯先生还非常贴心地把自己靠近棕榈海滨的小别墅让出来供我使用。1 月 4 日，我飞往那里。出发前夜，我房间的空调出了点问题，室内温度高得令人喘不过气，我想开窗透口气，就在我用力推开窗户的时候，心脏稍稍紧了一下，这让我接下来好几天都不大舒服。我的医师顾问查尔斯·威尔逊勋爵认为我应该推迟南方之行。马歇尔将军陪同我们乘飞机前往目的地，我们一路上聊得很愉快。我们在斯特丁纽斯的别墅度过了五天，每天躺在阴凉处或在阳光下休息，在海浪中沐浴，不过有一次我们却看到了一条大鲨鱼。他们说这只是一头"海底鲨"；但我还是有些担心。被海底鲨吃掉跟被其他鲨鱼吃掉有什么区别吗？所以从那以后我就待在浅水的地方。

我的一切行动都严格保密，白宫曾向媒体发出通知，称总统和我的一切行动都应被看作如同美国战列舰的行动。因此，报纸上只字未提我的行踪。虽然许多人在佛罗里达欢迎我，许多新闻记者等候在休息室门口，我同他们相谈甚欢，但他们没有在报纸上透露一点儿消息。

首相致掌玺大臣：

1. 我即将前往南方，希望我的行程能够完全保密，总统将要到海德公园去。同时，参谋人员工作非常认真，我们回去后将仔细讨论结果。在制订进攻计划方面，我们还将面临许多困难。美国方面已经准备好派遣军队进入爱尔兰的计划。请您务必保证英国方面也做好准备。请确保将这方面的事务准备妥当，并对他们的特殊饮食加以研究。

2. 您应该意识到，我们不仅要满足当前的紧急需求，还要制定计划，以确保美国军队能在任何地点对敌军防线进行攻击。但船舶是我们的短板。

3. 由于我们能保持电报联系，因此我很高兴一切必要之事都能够通过电报传达。美国尽一切办法为我的行踪保密。我希望我们的媒体也不要对我的行踪进行推测。

1942 年 1 月 5 日

首相致掌玺大臣：

根据查尔斯·威尔逊的建议，我现在正在南部休息，以缓解前段时间的压力。总统正阻止美国媒体提到此事。请确保我们不要向英国媒体透露此事，否则美国媒体会炸开锅，我也会被记者和群众所打扰。

1942 年 1 月 7 日

* * *

我沐浴在棕榈海滩和煦的阳光下，并口述着电报和备忘录时，传来了一个消息——意大利"人控鱼雷"袭击了亚历山大港，致使"伊丽莎白女王"号和"英勇"号严重受损。这件事曾在前一章中提过。我们的海军已经在这段时间遭受了重大损失，所以这件不幸的事对我们来说太不合时宜，令人十分烦恼。我立即发觉了这件事的严重性。

地中海的作战舰队暂时不存在，我们用来防止埃及被海外入侵的海上力量暂不可用。所以，现在有必要从英格兰南海岸聚集一切可以聚集的鱼雷飞机并派出作战。不久即将看到，这招致了不快的后果。

* * *

首相致伊斯梅将军，转参谋长委员会，并致空军大臣：

鉴于地中海的海上局势，我们有必要从海防空军总队或轰炸机总队派出强有力的空军支援，尤其是鱼雷飞机，这是十分紧急而重要的。适当放松对德国等国和船舶的轰炸攻势，这一点必须被接受。阿诺德将军[1]告诉我他将尽快派遣两队轰炸机（共八十架）和一些战斗机前往厄尔斯特。请告知我您手头的事务，以及是否已经安抚坎宁安海军上将。

1942 年 1 月 7 日

我担心意大利的轰炸行动会在斯卡帕湾重演。

首相致第一海务大臣：

亚历山大港事件令人担忧，这让我不禁想到斯卡帕湾能否抵御这类袭击。我们有没有每隔二十分钟使用深水炸弹在入口处巡逻呢？无疑，斯卡帕湾水流汹涌，这比亚历山大港平静的水面更加安全。

现在情况如何？

1942 年 1 月 9 日

现在最紧要的就是，不能让敌人知晓停泊在亚历山大港的那两艘大型战列舰的真实情况。

---

① 阿诺德将军，美国陆军航空队队长。

*   *   *

　　我现在要腾出一些时间去解决几个难题。当然，印度总督和内阁又提出了要为印度制定一部新宪法，以使印度国民大会党在新宪法下为了共同事业和安全而团结起来。在后文中我们会发现这只是无用的幻想而已。

首相致掌玺大臣：

　　1. 我希望同僚们能够意识到，在敌军抵达边界的这个节骨眼提出宪法问题，尤其是修改宪法是多么的危险。此时，让国民大会党掌权从而在印度获得更多利益，这一观点似乎站不住脚。但是如果采取任何选举形式或议会形式作为基础，那么结果就不言而喻了。把政界中的敌对分子带到防御机构中来会让整个行动瘫痪。只有挑选一些友好的印度人进入机构才不会招致严重的威胁，不过这也满足不了任何政治需求。印度的自由党虽然能说会道，但从来没付诸过行动。虽然印度军队作战英勇，但必须记住，他们效忠的是英王兼印度皇帝，这个战斗着的民族绝不会容忍国民大会和僧侣机构的统治。

　　2. 我想您对美国舆论方面不会有任何问题。我所见到的一切关于印度的报道都十分克制，尤其是自印度参战以来。人们关注的重点都是尽快赢得战争。接管省政府的国民大会党候选人的首要职责就是要重新担负起作为大臣的责任，并表现出他们能够胜任在这危急关头交给他们的工作。请务必将这些观点传达给内阁。我相信不会偏离我们深思熟虑后所采取的立场。

1942 年 1 月 7 日

*   *   *

艾登先生从莫斯科带回来的消息让我非常烦恼，苏联在领土上的野心太大，尤其是在波罗的海国家。这些国家曾是彼得大帝的征服地，两百年以来都处于沙皇的统治之下。1939年战争爆发前，希特勒在与苏联打交道时就把这些土地当作抵押品丢弃了。自此以后，这些刚强的民族就转战地下。不久之后我们将看到，希特勒带着纳粹式的反清洗回来了。不过最终，苏联取得胜利，并重新占领了这些国家。因此，德国就像一把死亡之梳，在爱沙尼亚、拉脱维亚和立陶宛领土上反复梳洗。不过，正义在任何地方都是毋庸置疑的。波罗的海国家应该是独立民族的领土。

首相致外交大臣：

1. 除在事实上承认以外，我们从未承认过1941年的苏联边界。这片领土是苏联与希特勒勾结侵略而得来的。把波罗的海国家人民移交给苏联有违波罗的海人民的意志，也有违我们正不懈争取的原则，有损我们的事业。这同样适用于比萨拉比亚和北布科维纳，在较低程度上适用于芬兰，因为我推测对于这个国家并不完全有意去征服和吞并。

2. 根据战略情况，苏联可以为开辟通往列宁格勒的道路提出充分理由，芬兰曾利用这些道路来攻击苏联。波罗的海的岛屿对于苏联的安全至关重要。在某些场合，布科维纳和比萨拉比亚的边界问题也可以援用战略安全为由。若果真是这样的话，如果居民愿意，就必须让他们撤出并给予赔偿。否则，土地的转移必须在战后由人民自由而公平的投票决定，而不是像上述的建议那样。在任何情况下，在和平会议以前都谈不到边界问题。我知道罗斯福总统跟我所持的观点一样，他有好几次表示他对我们在莫斯科所采取的坚定立场感到欣慰。如果英国内阁要屈从于苏联这样的方针，我恐怕不能苟同。

3. 我认为，我们的诚意就体现在遵守《大西洋宪章》上，斯大林也签署了该宪章。我们同美国的联合也依靠于此……

……

5. 我们拒绝在战争的现阶段做出有损和平谈判的事，同时我们也拒绝背弃《大西洋宪章》，这对苏联产生了一定影响。但必须注意的是，苏联是在被德国攻击之后才加入战争的，它早前一直对我们的命运不闻不问，却在我们最危险的时候增加了我们的负担。苏联军队在保卫领土时英勇作战，实力不容置疑。但他们只是为自己而战，从未想过我们。而我们却一直在尽全力帮助他们，因为我们敬佩他们保卫国土的精神，也因为我们有共同的敌人——希特勒。

6. 没人能够预测战争结束时各国的实力对比如何，或是战胜国的立场如何。不过，可能的情况是，美国和英国并不会因此精疲力竭，而将成为世界上首屈一指的军事和经济强国，而且苏联将会需要我们的援助来帮助国内重建，他们的需求将远高于我们现在对他们的需求。

7. 您曾承诺过将由我们和美国及其自治领共同研究苏联的需求。我们必须遵守这个诺言。但是，任何以我为首的英国政府在立场上不容有误，那就是其必须遵守《大西洋宪章》中的自由、民主准则，只要涉及割让领土的问题，这些原则更要发挥作用。所以，我认为任何有关领土边界的问题都要交由和平会议去决定。

1942 年 1 月 8 日

从法律上来说，事情的现状就是这样。

＊　　＊　　＊

在棕榈海滩时，我当然时刻跟总统以及在华盛顿的英国同僚保持电话联系，必要时，我还会跟伦敦通话。当时发生了一个有趣却又有点尴尬的插曲。温德尔·威尔基先生曾要求同我见面，但当时他和总统的关系并不融洽。对于我同反对党积极分子见面一事，罗斯福总统似乎并不热心，所以我也一直没同他见面。然而，考虑到温德尔·威尔基先生一年前，也就是1941年1月访问过英国，而且我跟他的关系也不错，我觉得我不该没跟他见面就离开美国。这同样也是我们的大使的建议。因此，5日晚我给他打了个电话，过了一会儿我被告知"电话接通了"。于是我就说："非常高兴跟您通话。我希望我们可以见上一面。我明天晚上坐火车回来，您能否在某个地点上车，跟我在火车上共度几个小时？下周六您将在哪里？"电话那头传来声音："为什么这么问，下周六我还在这里啊，在书桌旁。"我回答道："我不是很明白。""您认为您在跟谁说话？"我回复道："难道不是温德尔·威尔基先生吗？""不，您在跟总统说话。"我没听太清，又问了一遍："谁？""你在跟我说话，富兰克林·罗斯福。"我说道："我不是有意打搅您。我准备跟温德尔·威尔基先生通话，但电话线路好像出了一点问题。""希望您在那里一切都好。"总统说道。随后我们聊了一些个人行程和计划，对话很愉快，末了，我问道："我想您不会介意我跟温德尔·威尔基先生见面吧？"罗斯福说："不会。"这时我们才结束了对话。

此刻必须记住，现在处于我们友好关系的早期，所以，我一回到华盛顿就觉得应该问问哈里·霍普金斯是否有任何冒犯之处。于是我写信给他：

　　请您告诉我，我希望跟我所提到的那个人进行谈话这件事是否有不妥之处，因为我认为对重要人物以礼相待是我的职

责，除非您建议我不要这么做，否则我将会坚持自己的意见。

霍普金斯回复说没有不妥之处。

＊　　＊　　＊

现在是时候回国了。

首相致掌玺大臣：

......

3. 您可以从电报中看出，我在这里并非清闲。实际上，独处的时光让我能够更加清晰地思考事情，不像华盛顿那么忙乱。我正在准备一份有关英美合作的重要文件，一旦我回到华盛顿之后便会跟参谋部和总统讨论这份文件。

4. 我很高兴 8 日的辩论和平地过去了，下院同意推迟对主要问题的讨论。当然，这里的报纸也报道了下院部分不满的声音，有些人可能会认为这些声音代表整个下院的观点。报纸上的有些言论对美国舆论不利，所以我将对总统说，我们无法控制个别议员的奇葩观点，正如总统不能左右那些偏远地区议员的观点一样。请让我了解您和安东尼发言的要点。

5. 如果我把星期二的讲座作为一种报告，并由别人接着动议休会，这样可能较为合适。这就能让批评之声提前出来，我也有精力去回复这些批评。然而您可能认为这并不必要。我不禁感到我们有很多故事想说，虽然不能把最精彩的部分说出来。

1942 年 1 月 9 日

我于 9 日晚乘火车回华盛顿，于 11 日抵达白宫，途中一直忙于公务。

第六章

SIX

回 到 风 暴 中

空军的扩充——弹药和船只产量增长——美国军队进入北爱尔兰——隆美尔顽强抵抗，北非计划推迟——不断交战以消耗德国空军——苏联在南部的成功抵抗赢得了喘息机会——高加索地区的潜在危险——袭击日本征服地的机动攻击部队——英美达成完全一致的意见——我在百慕大议会发表演说——安全抵达普利茅斯

我在佛罗里达休息期间准备了第四份备忘录，该备忘录分为两部分，由参谋长委员会转交给战时内阁国防委员会。这份备忘录同样也是给美国人看的。这份备忘录同之前三份的不同之处在于，这份备忘录是在我抵达华盛顿之后，与总统、顾问及参谋长讨论之后写的。在我回到伦敦之后，我把这些备忘录交给战时内阁传阅，以供他们参考。英美两国已经在很多方面取得共识，而且战时内阁也在很大程度上对我们的行动方向予以准许。在此，我只展示出较为普遍的方面①。

首相致伊斯梅将军，转参谋长委员会及国防委员会：

我利用这几天宁静的时间回顾了自我到华盛顿之后的主要战况。

1. 美国因为受到攻击而与三个轴心国开战，希望能够尽早且有效地把其训练有素的军队投入前线。由于船舶数量吃紧，1942 年应该不可能投入大规模的船只。同时，美国的兵力从三十个师、五个装甲师提升到了六十个师、十个装甲师。

———————————

① 由于篇幅关系，第 9、10、14、15 点和 16 点从略。

美国目前拥有或即将召集三百七十五万人编入陆军和空军（超过一百万人），人力储备是无限的，但在目前阶段大量召集人员进入军队是一种错误指示。

2. 1942 年实际运到前线的军队数量似乎不会超过上述美国军队的四分之一到三分之一。但是，在 1943 年，早前和现在的造船计划会大大增加船只数量，而且这些船只会远渡重洋作战，1943 年夏季的作战行动将会很多，我们要仔细研究。

3. 美国强大且迅速增长的空军力量能够在 1942 年投入大规模作战。我们还计划，以不列颠群岛为基地的重型轰炸机应该攻击德国和入侵港口。美国轰炸机中队应该加入保卫大不列颠的行动，并对战斗机航程内的法国沿岸地区进行控制。

4. 总统已经向国会宣布，美国军火和船舶数量在 1942 年将有大幅度增加，且在 1943 年达到顶峰，这样希特勒更加觉得有必要在 1942 年进行大决战，否则他将充分感受到美国的强大压力。

5. 希特勒曾有时间准备大量能在任何海滩登陆的坦克运输车。无疑，他发展了用降落伞尤其是用滑翔机来进行的空运部队的袭击，达到了无法估量的程度。总统宣称英国为联合国的重要堡垒，这也符合美国战略家的观点。在 1942 年的这场战争中，大不列颠的确是容易失手的环节。让不列颠群岛的有效防御陷入危险的沼泽是最不明智的。

6. 所以，派遣四个美国师（其中一个是装甲部队）进入北爱尔兰是最有必要的举措，不能受到任何阻挡。美国取代英国师进驻冰岛将腾出另一个英国师。但是，有人建议美国应该在冰岛训练尽可能多的军队适应山地和雪地作战，因为只有拥有较多受过山地雪地训练的部队才能够解放斯堪的纳维亚半岛……

7. 敌人在昔兰尼加顽强抵抗，隆美尔有可能撤退或率部分军队逃跑，敌人的增援有可能抵达的黎波里，其他增援部队可能在拖延期间抵达战场，最主要的是，我们为先头部队提供给养出现困难，所有的这一切都可能延缓或阻止"杂技家"计划（肃清的黎波里之敌）的全面完成。因此，我们要对"超级体育家"计划（英美联合军队占领法属北非）进行更加彻底的研究，同时以最快速度推进"磁石"行动（美国军队进入北爱尔兰）。

8. 德国前线空军在数量上已经少于英国，在这之中相当大的一部分现在必须留下来对付苏联。然而由于形势所迫，大部分英国空军不得已被困在国内，目前虽然面对着德国轰炸机和战斗机较为分散这样的形势，但还是不能调走，因为敌人拥有良好的内部交通线，并且行动迅速。此外，也不能忽视意大利的空军力量。

　　……

11. 我们未来的目标是用不断交战的方法来逐渐消耗德国的空军力量。目前苏联前线正在这样做，但英国前线进展有限，除非敌人恢复其轰炸攻势或者昼间攻势。但是，敌人好像有意在地中海开辟前线，我们必须要以优势兵力迎战，这种优势兵力只有美国才能给予。对我们来说，至关重要的一点是，让德国空军在各种场合不间断作战。这种消耗我们经受得起，而德国却经受不起。的确，我们的供给正在运来，所以我们可以经受得住二比一的损失，正如格兰特将军在他最后一次战役中那样。1942 年失去战斗力的一架德国飞机或一名飞行员抵得上 1943 年的两架飞机或两名飞行员。只有通过持续的空中作战，我们才能够把敌军消耗到其飞机工厂和飞行学校无法承受的程度。敌人为每日供给忙得焦头烂额，只有这样，我们才能重新取得主动权。

12. 苏联军队沿着顿河及在克里米亚半岛上进行的成功抵抗，使苏联能继续保有黑海的控制权，我们也获得很大的

救助，应为之欢呼。三个月以前，我们还预计德国军队会通过高加索推进至里海和巴库油田。这种危险几乎持续了四到五个月，直到冬季结束。当然，在南方持续不断的成功抵抗使我们得到了完全的保护。

13. 但是，这种危险可能在晚春再次发生。石油供应问题在德国和德国征服的国家都很严重，因此，夺取巴库油田和波斯油田对德国至关重要，其重要性仅次于入侵不列颠群岛……一旦天气好转，德国陆军的强大力量可能立即重新施展出来。在这种情况下，德国可能会在苏德战线的北部和中部采取防守姿态，而把进攻矛头指向东南方，经由高加索到位于那边的油田。

……

对日本的战争

17. 人们普遍认为，打败德国就意味着整个轴心国的垮台和日本将面临巨大的压力；而打败日本并不意味着世界大战的结束。况且，太平洋宽广辽阔，日本又已经占据或即将占据许多有利的据点，这将会使入侵日本成为一项持久的工程。基地位于澳大利亚和印度的军队将要逐渐地恢复西南太平洋地区的岛屿、飞机场和海军基地（这些地方目前交由韦维尔将军掌管），这同样也是一项持久的工程。战胜德国似乎比战胜日本来得更快些。考虑到我们还有其他目标要完成，而且我们的船舶数量有限，我们不能指望在相当长时间内发展足够的海军、空军和陆军优势。

18. 我们的确应该把对德战争作为首要任务，但对日本采取守势却是错误的；相反，在战胜德国以前，我们在远东安全度过这段动乱时期的唯一方法就是恢复主动权，哪怕是在很小的规模上。

19. 在一个由上千个岛屿组成的（其中许多岛屿可以成为临时空军或海军基地）战场中，纯粹被动的防御会产生一

些无法解决的问题。由于日本暂时取得了海上、空中等大片领域的控制权，因此它能够占据任何它想占据的地点，除新加坡要塞外。他们可以出动部队，清除我们或荷兰据守的任何一处驻地。他们将利用他们严密的空军基地网络来守卫他们的据点，无疑，他们还想在数月之内占据新加坡要塞。一旦占据新加坡和马尼拉，再加上之前占据的各个要塞，日本就能够建立起一套能够长期抵抗的空军海军防御体系……在英国的大力协助下，美国海军应在1942年夏重获海上优势。

20. 我们应在此之后或尽可能快地开始组织进攻日本已占领的海岛。据我了解，总统已经下令在西海岸成立一支类似游击队的军队。这种部队性质独特，在两栖作战中对取得关键性据点和防御工事作用巨大。它需要许多小连队的援助，这些连队的机动性和装备都非常适合预期的特殊任务，而这每一项任务都经过了仔细研究。除非战略需要，否则并不一定要驻留在攻占的岛屿上。歼灭或俘获当地守军，摧毁设施，这就足够了。具体每个任务需要哪些兵力将另做研究。根据我们的经验，舰载飞机、坦克部队和坦克登陆艇的充足掩护是非常重要的。敌人不可能来得及准备，因而敌人的许多据点都非常脆弱。几次类似的行动（这些行动对于军队和指挥官来说都是十分宝贵的经验）取得成功后，敌人恐怕将不敢以薄弱的兵力驻守据点，而且会专注于某些坚固的据点。如果我们不想保有太多据点，我们可以占据一些容易的据点，并在上面建立临时或永久空军基地和加油站。在敌人中造成一种恐慌，对于更大规模收复失地和建立从澳大利亚北进的踏脚石具有重要的价值。

1942 年 1 月 10 日

我把这份文件交给了总统。

*　　*　　*

　　我回到白宫时，发现联合参谋长会议取得了较大的进展，而且他们的结论大部分跟我的一致。1 月 12 日，总统召开了会议，此时有关战争的总原则和总目标都取得了完全一致的意见，分歧之处只在于先后次序和着重点，而且一切都要受到"船舶"这个重要因素的制约。据英国记录记载，"总统非常重视'超级体育家'（即英美联合远征北非）的计划安排，已经拟定了一份临时计划表来安排九万名美军和九万名英军以及大量空军进入北非一事"。美国决定派遣两个美国师前往北非，目的已经在前面说明。总统曾在私下跟我说，如有必要，他将尽快派遣五万名美军到澳大利亚和控制着日本航线的岛屿。两万五千名军队将尽早前往占领新喀里多尼亚和介于美国和大洋洲之间的其他据点。在"主要战略"方面，参谋人员一致认为，"只能够从对德作战的队伍中抽取一小部分军队去保卫其他战场的利益"。马歇尔将军对于得出这一决定起到了最大的作用。

　　某个晚上，马歇尔将军来看我，向我提出了一个困难的问题。他已经同意派遣三万名美国士兵前往北爱尔兰，为此，我们已经把世界上仅有的两艘八万吨的船——"女王"级交由他掌控。他问我，考虑到我们的船舶、筏和其他漂浮器材只能供八千人使用，我们应当让多少人登船。如果不考虑这一点，那么可以让一万六千人登船。我给出以下回答："我只能告诉您我们需要做什么，您必须自己衡量其中的风险。如果这是一次实际军事行动的一部分，我们应当让尽可能多的人上船；但如果只是为了合理运输军队，那么登船人数就不要超过救生艇和筏的数量。这由您来定夺。"他听了之后没有说话，接着我们又聊了些别的事。第一次航行时，这两艘船装载的人很少，但后来则装满了。随着事情的发展，我们的朋友得到了幸运之神的眷顾。

* * *

现在，离别的时候到了，我必须离开热情友好的白宫和美国人民了，此时的美国人民已经站起来坚决对抗暴君和侵略者了。我要回到那个阴云密布的地方了，尽管我迫切地想回到伦敦，而且也对最终的胜利充满信心，但我却始终感到巨大的灾难将要来临，而且这场灾难要持续数月。对于在西部沙漠取得胜利、打败隆美尔，我已经不抱什么希望了。隆美尔已经逃跑了。奥金莱克在西迪雷泽格和加柴拉取得的胜利并不能保证最终的胜利。我们在为英美突袭法属北非而制订计划的时候，这种胜利的趋势就已经减弱不少了，所以这一行动被推迟了几个月。

* * *

首相致掌玺大臣：

我将会沉默一段时间，当然不会一直沉默。如有任何重要问题需要我在动身离开美国之前做出决定，请务必于今晚发电告知我。

1942 年 1 月 12 日

14 日，我向总统告别。他似乎有点担心航程的安全。我来到华盛顿一事天下皆知，而且据航空图显示，二十多艘德国潜艇正停留在我们回国的航线上。当天天气晴朗，我们从诺福克飞到百慕大，"约克公爵"号及随从的驱逐舰早已在珊瑚礁中等待我们。我们乘坐的一架巨型"波音"式水上飞机给我留下了深刻的印象。在三小时的旅途中，我跟机长凯利·罗杰斯成了朋友，他看起来是一位才华卓越、经验丰富的人。我还亲自驾驶了一会儿，亲身感受到了这个重达三十多吨的庞然大物是如何在空中翱翔的。我越来越喜欢这架水上飞机。过了一会儿，我问机长："如果从百慕大飞到英国，它的油够吗？"他虽面无异色，但是明显兴奋了起来。"当然够。目前的风速是每小时四十英里。我们可以在二十小时内完成飞行。"我问他总距离有多少，他说："大约三千五百英里。"我对此不免有所思虑。

降落后，我向波特尔和庞德讲述了我自己的想法。由于马来亚正发生着大事，我们必须尽快回国。空军参谋长立即说，他认为这种冒险完全没有理由，他无法对这件事负责。第一海务大臣也这么认为。"约克公爵"号和它的驱逐舰早已恭候多时，舒适又安全。我说："那如果碰到您之前跟我说过的德国潜艇怎么办？"他做了个轻蔑的手势，表示这种威胁对于拥有护卫且航行快速的战列舰来说根本不算什么。我突然想到，这两位长官可能都以为我要独自乘坐飞机而让他们坐"约克公爵"号，于是我说："当然飞机上有足够的位置。"听到这话，他们的表情明显变了很多。经过一段时间的沉默后，波特尔说这件事可以加以研究，他同那位飞机机长详细讨论了此事，并同气象局讨论天气状况。我让他们处理这件事。

两小时后，他们回来了。波特尔说他认为这件事可行，飞机在良好的条件下可以完成这项任务；而且由于风向有利，天气状况出奇的好。无疑，现在最重要的就是尽快回国。庞德说那位机长经验丰富，他非常器重他。飞行当然有风险，但是水上航行照样可能遇到德国潜艇。所以我们决定乘坐飞机，除非天气十分恶劣。出发时间是次日下午两点。有人认为，我们得减少行李，只带几箱重要的文件。迪尔留在华盛顿作为我与总统联系的私人军事代表。我们一行将只有我、两位参谋长、马克斯·比弗布鲁克、查尔斯·威尔逊和霍利斯，其余人将乘坐"约克公爵"号。

那天下午，我在西半球最古老的议会——百慕大议会发表演说。我请求他们对于在这个岛上建立美国海军和空军基地给予支持和援助，而他们对此事感到有点为难。整个帝国的命运危如累卵。只要我们与美国的联盟关系发展顺利，就一定能获得最后的胜利，不管路途多漫长。他们没有提出异议。当晚，总督诺里斯勋爵设宴招待岛上有名望的人和我们。我们所有人兴致都很高。只有汤米（我称他为中校参谋）① 担心飞机上没有他的座位。他表示，一想到要由水路回国，他就感到伤心。我提醒他，作为一名海军，应该投身海军事业，而且海上航行对于一名勇敢的海军来说是一大乐事。我仔细阐述了来自德国潜艇方面不可否认的危险。他还是没有感到好受一点，但他有了自己的计划。他说服了飞机上的一名乘务员让他代替其位置，他将亲自清洗餐具。我问道，机长会怎么说？汤米说，如果到最后时刻机长还是不同意他登机，那么他便不再反抗。他还确定他体重比那位乘务员要轻。我耸了耸肩，丁是回去就寝了，此时已是凌晨。

我早上醒得很早，心里一直告诉自己不能再睡了。我承认我当时心里还是有点害怕的。我想到了一望无际的大洋，想到了在落地以前我们要飞行一千多英里；我甚至觉得可能我的决定太仓促了，不应该把鸡蛋放在一个篮子里。我一向畏惧大西洋上的飞行，但此事已成定局。然而，我还得承认，如果在早餐或者午餐之前有人告诉我天气有变，我们必须乘船时，我还是会欣然搭乘从远方来接我们的豪华军舰的。

岛上阳光普照，确认天气很好。中午，我们乘汽艇来到飞机前。我们在码头上耽搁了一个小时，因为前去"约克公爵"号取行李的值日艇来回的时间超出了预定时间。汤米显得郁郁寡欢，机长以惯有的理由拒绝了他的计划，如那个乘务员是受训的机组人员；他无法多载一个人；每个油箱都装满了油。即使这样，要离开水面起飞也不是一件容易的事。所以，我们滑行到港口的远处一端，而把汤米留下，他就像诗中的厄林勋爵那样忧伤②，只是忧伤之事不同罢了。在此之前和之后，我们每次旅程都在一起。

正如机长预言的那样，从水面上起飞的确要耗费些功夫。的确，我认为我们难以逾越那些离港口很近的小山。其实并没有危险，我们

---

① 汤米，英国皇家海军汤普森中校。

② 来自托马斯·坎贝尔的诗《厄林勋爵的女儿》，诗中讲述了厄林勋爵的女儿与情人私奔，厄林勋爵遂率兵追赶，却没能成功追回女儿，因而黯然神伤。——译者注

的飞行员技术可靠。飞机在离珊瑚礁四分之一英里处缓缓升起，这也避免我们一下子升高几百英尺。毫无疑问，这类巨型飞机十分舒适。我的床铺在飞机尾部，两边都有大窗户。大约通过一段三四十英尺的通道，穿过各个房间抵达会客室和餐厅，餐厅的食品和饮料一应俱全。飞机飞行平稳，颠簸影响也不大，我们度过了一个愉快的下午，享用了一顿愉快的晚餐。这类飞机有两层，登上扶梯就可走到操作室。夜幕降临，一切良好。我们此时正在七千英尺高空穿过层层浓雾。人们可以看到机翼的前缘，以及倾泻在翼面上的热气流，此时，这类机器上就使用一根间歇性膨胀和收缩的大橡胶管来防止结冰。机长向我解释了它的运作原理，我们不时能够看到因管道张开而碎掉的冰块。随后，我上床熟睡了好几个小时。

*　　*　　*

我恰好在黎明之前醒来，于是径直走向操作室。天色越来越亮，飞机之下是连绵不断的云层。

我在副驾驶位置坐了一个小时，感到一丝丝的焦虑。我们本应该从西南方抵达英国，理应已飞过了锡利群岛，但是却没有从云层的缝隙中看到群岛。我们已经在雾中飞行了十个多小时，此间只看到了一颗星星，所以我们可能稍微偏离了我们的航线。无线电联络当然受到战时规则的限制。从他们正在进行的讨论来看，显然不知道我们飞到了哪里。不久之后，刚刚正在研究位置的波特尔跟机长说了几句话，随后就跟我说："我们将立即向北调转航向。"于是立即向北飞去，又继续在云里飞了半个小时后，我们看见了英格兰，不久抵达普利茅斯上空，飞机避开了闪闪发光的防空气球，最后安全着陆。

我离开飞机时，机长说道："您安全降落到港口后，我感受到了此生从未有过的轻松。"我当时没有理解他这句话的意义。随后我了解到，如果我们在向北转向之前继续沿原航线飞五六分钟，我们就将进入德国布雷斯特炮台上空了。我们在夜间飞行时过于偏向南方了。而

且，那个断然做出的方向修正不是从西南方把我们引入，而是从南方偏东——这就是说，从敌人的方向而不是从我们预计的方向飞入英国。几周之后，我才知道，我们的飞机被当作从布雷斯特飞来的敌军轰炸机，战斗机总队出动了六架"旋风"式飞机来击落我们，可惜它们没有完成任务。

我向罗斯福总统发电说："借着时速为三十英里的风，我们已从百慕大安全飞回。"

附录（1）

首相的个人备忘录和电报

1941 年 9 月

首相致帝国总参谋长：

请简短向我汇报一下引信延迟装置的现状。

上次世界大战末期，德军曾使用了这种装置来摧毁铁路交通线，布置诡雷掩护他们从法国撤退。

延迟时长从几天至数月不等，所以，常有意外情况发生，铁路线也可持续中断。我听闻这种装置是一个金属盒，大小相当于一个烟盒，盒里放置一种酸性物质，慢慢腐蚀金属线，这样便可引起接触或打开一个小孔。毫无疑问，现在这种装置肯定改进了很多。

根据我们东边的总体部署情况，我认为应该大规模地安装这种装置。我们目前正在安纳托利亚、叙利亚、波斯、塞浦路斯等地建造飞机场，也在改善和扩展一些铁路和公路。假若我们必须撤退，我们则应当设法保证敌人在一段时间里无法使用它们。最佳办法就是提前埋好地雷，只留一个小通道，以便在必须引爆这些地雷时，可以安装延迟装置。每个机场应埋下二十至三十枚地雷。如到必须撤退时，安装延时引信装置便可炸平地面。危险期当然必须保持至少六个月，铁路上至少每英里掩埋三至四枚地雷（无论如何，铁路前段至少如此），所有桥梁和隧道也要掩埋地雷。比起一次性的全面摧毁，哪条铁路或公路不知何时突然中断，这种不确定性更能迷惑敌人。

请对此发表你的意见。

1941 年 9 月 8 日

首相致劳工大臣：

报纸上报道，很多所谓的耶和华见证人①都是一些年富力强的人，但他们却没有参战，此事是否属实？

1941 年 9 月 8 日

首相致军需大臣：

（抄送空军大臣）

你在 8 月 29 日的备忘录里说道，五万枚"杰弗里斯"式炸弹（马勃菌炸弹）的订单无法满足，只能提供一万枚。

我猜想这是因为缺少炸药。我听闻，九枚黏性炸弹便可以制作两枚马勃菌炸弹。因此，如果推迟填充十八万枚黏性炸弹，那便可获得余下的四万枚马勃菌炸弹。据我了解，按照目前的生产速度，这些产量只需六周便可完成，故我同意这种推迟填装办法。

迫击炮不受影响，应继续照常生产。

1941 年 9 月 10 日

（即日办理）

首相致帝国总参谋长：

请阅览附件比弗布鲁克勋爵（关于修建横跨波斯的铁路）的信件。鉴于摩尔曼斯克一带危险重重，我们又正给苏联输送大批物资，同时还正一边艰难地修建波斯铁路，一边输送物资，所以目前迫切需要探索公路运输的方法。如有必要，我可以致电霍普金斯先生讨取所

---

① 基督教的一个教派，在英国的组织又称作国际圣经研究会。——译者注

需的卡车、司机和机械师，相信美国方面很快可以把它们送到巴士拉。我对公路状况一无所知，但是必须在等待美国送来车辆期间，仔细研究整个问题以及计划如何改进公路状况。

如果方便，请于明日将意见告知，以便我能采取行动。

1941 年 9 月 10 日

首相致伊斯梅将军，转参谋长委员会：

1. 所有英国陆军（中东地区的除外）不可能无限期地只负责防卫敌军入侵，处于不战和被动状态。哪怕完全不考虑军事因素，这种方针也会使陆军名誉扫地。这一点我无须赘述。

2. 为了便于海外作战，应整编一支相当于六个师的远征军。

3. 除非局势转变使得我们得以在西班牙或摩洛哥开辟新战场，或入侵迫在眉睫，否则我们应在合适的时机尽早解放挪威。

4. 计划在哪个最佳地点采取行动，应提前做好规划。请于本月月底之前向国防委员会提交这个计划。

1941 年 9 月 12 日

首相致爱德华·布里奇斯爵士和伊斯梅将军：

毫无疑问，横跨波斯铁路两端的沙普尔港和沙赫港肯定容易让人混淆。因此，英国所有官方文件都应将这两地分别称为里海班达和波斯湾班达。请按照此意发出指令。

1941 年 9 月 13 日

首相致伊斯梅将军：

这篇文章（关于写给各自治领总理的总体策略）当然需要结合目前情况来写。该文章既没有谈到我们占领了波斯，也没有提到开通直达苏联（我们已联手合作）铁路的重要性。到了 9 月底或 10 月中旬，苏联前景更加容易看清。然而，文中并没有提到土耳其可能遭到袭击或面临压力，及其后果。

为何如此匆忙写出这种文章？这些内容只会造成自治领地区的恐慌和担忧。比如，它说据守埃及的原因之一是阻止意大利舰队冲过苏伊士运河，把英军赶出印度洋。如果这种论点就是我们据守埃及的原因，那么我将无比惭愧。

1941 年 9 月 13 日

首相致伊斯梅将军，转参谋长委员会：

虽然我无比希望，但是我从未要求（护送增援物资到中东的美国船只）进行第二次航行。他们来帮忙运送早该抵达中东的大批军队，这真是一个极大的帮助。这一切真令人满意。我希望马上了解详情，以便答谢对方。请汇报第二次航行所带来的便利。

1941 年 9 月 13 日

首相致新闻大臣：

针对希特勒枪决挪威的贸易工会会员，并判处其他人长期徒刑一事，我们的确应使之引起更大的舆论热议。工会联合会难道不应该一致表示同情吗？你为何不与西特林商议，促成公众的坚决抗议呢？应将两名受害者作为烈士予以宣扬。

1941 年 9 月 13 日

首相致安德鲁·邓肯爵士：

彻韦尔勋爵已按照我的要求，简单拟写了一份进口预算的报告。目前，你也正和进口管理委员会商议这项计划。我使用的是日历年，故我希望拟定的进口预算必须是针对 1942 年的，并且最迟 10 月确定。同时，请对比战争第一年和第二年的预算，并对第三年做出预测，这些都有用处。

请时刻牢记，一旦我们需要派遣远征军，我们对船只的需求将大量增加。请将你的初步意见告知，以便彻韦尔教授依此拟写报告。

1941 年 9 月 13 日

首相致彻韦尔勋爵：

我们需要采取特殊措施以确保 1942 年的陆军实力不会下降。在接下来的一段时间里，陆军的军火绝不能移作他用。除了前往东方的两个师，我还另外要求他们准备了一支由六个师组成的远征军。远征军的去向依形势而定。留守的军队仅够用于保卫国内安全。

兵员供给将会比较困难。然而，我希望能从大不列颠防空委员会、空袭警备处、空军海防总队和重炮队，以及一部分后勤部队，抽出二三十万人。我们应当抽调大量后备人员。目前，几个师面临着严重的解体危险。

请你根据上述原则进行工作。

1941 年 9 月 13 日

首相致伊斯梅将军，转参谋长委员会：

1. 从空军的需求可以看出他们正滥用地勤人员。我们计划截至 1942 年春季，派遣八十个空军中队前往中东。中东地区本已有四万五千名地勤人员，他们现在又要求再增加四万名，这样，每一个飞行中队——由十六架具备一流作战能力的飞机组成——所拥有的地勤人员就超过一千人。显然，我们必须彻查这些编制，否则按照他们现在的地勤人员规模继续下去，我们的努力都白费了。

同时，截至 12 月底，运输船队仅能运送两万名空军士兵。

另外还请注意，此处只派出了十三个空军中队，而不是这些报告所说的十七个中队。

2. 按照我向总统提出的请求，请把新增的两个师全部派到中东。要不是以在中东增加两个强有力的师为条件，总统是绝不会借我额外的舰艇的。我无法以运送分遣队和新兵为由请求借用他的船只。

3. 以上共计六万人。接下来该派遣军队开往印度了，我们将利用这部分人整编出额外的四个师。自然是先运输反坦克炮和高射炮，后运输野战炮和中型炮（这些装备中东方面相当充足）。陆军要求新增一万八千名陆军后勤部队，这一要求实在不合情理，什么样的任务需要有如此众多士兵的军队（相当于一个师）去执行呢？

4. 新兵问题。尼罗河集团军最近没有战事，虽然兵力因病耗损，但我认为，应优先派遣已整编的作战部队作为第一批增援部队，而不是新兵（即部队在基地已经满员，但另有百分之十的新兵；或补充预计额外损耗的新兵）。应在适当的时机启用他们。

5. 同时，请交我一张表格，列出每个营或炮兵团（英国的）现有人数，据说他们都请求获得这新增的三万一千名新兵。步兵新兵应优先于其他兵种。

6. 前些日子，我得到了一些数据，显示了中东地区战斗部队与后勤人员的比率。如果可以把目前所需的十四万二千人全部运出，可否根据最新情况更新数据？

1941 年 9 月 14 日

首相致外交大臣：

（抄送空军大臣）

我认为，如果此时我们对意大利空投传单，特别指出一个事实，即几十万意大利人从阳光普照的家园被遣往冰天雪地的乌克兰去送死，这可能会取得巨大的效果。望将此事交由政治作战局商议。

现另附一份这项备忘录的副本抄送给空军大臣，以便他们可以商议如何采取实际行动。

1941 年 9 月 20 日

（即日办理）

首相致霍利斯上校：

目前迫击炮正在大量交货中。它们的应用战术，你们可有何想法？为了开发这项武器的应用，进一步推广给其他部队，请马上成立一个实验迫击炮队或团。请发表意见该如何实现这个目标。

1941 年 9 月 21 日

首相致空军参谋长：

　　我们派往法国上空作战的战斗机飞行员是否携带了充足的法国货币？听闻他们只有五十法郎。我认为，应让他们携带至少三千法郎，可作为飞行员的一部分装备，换班时连同此款一起交接。

1941 年 9 月 21 日

首相致帝国总参谋长：

　　我不打算就这样放过此事，或让它蒙混过去，或被遗忘。放任六百名德国退伍军人返回维希法国，让德军得以继续使用他们来对付我们，这不是仅仅训诫就能解决的问题。之前如此随意地让他们从我们手中溜走，现在要对付他们，我们可能需要牺牲六百名英国士兵。陆军部应写一封正式的信件给中东司令部，质问他对此事采取了什么行动，并指出叙利亚指挥部的这种昏庸行为严重损害了英国的利益。如果是军士或下士犯错，那么应责罚或训斥他们。威尔逊将军的僚属既未指出问题，又未意识到事情的严重性，也应当受到责备。如果威尔逊将军自己承担过错，那他可以将功赎过，但他必须认识到这种行为所产生的危害。他们应做出详细的解释①。

1941 年 9 月 21 日

首相致帝国总参谋长：

　　非常感谢。我很高兴从最近的电报中看到这项提议，即重新部署前方地区，这样，只要敌军一进行类似的行动，前方部队便可展开攻势，予以打击。我听闻此次调整约在本月 23 日完成。不过，我始终不明白，如果现在这种调整方法是对的，那为何之前的方法不对？例如，我们仅凭装甲车（并无坦克）就使敌人损失了十辆坦克等等，这就证明了我们本就可以实施一次精妙的"抓捕"。不过，也许我们会有第二

---

　　①　所做的解释将责任广为分散，以致难以执行纪律处分。

次机会，也许没有了。世事难料。

1941 年 9 月 21 日

首相致三军参谋长：

过去的十五个月里，我们探讨了化学战的攻守措施。现随函附上一份关于此事的官方来往信函摘要，并附上一份说明重要毒气武器储备情况的表格。请汇报你们对于目前状况是否满意，以及我们在必要时可对德国人实施报复的方法。

化学物质会变质，故而维护已有库存存在一定困难。通常，如有发生耗损，可替换库存。请将你对此事的看法一并告知。

1941 年 9 月 25 日

首相致外交大臣：

我们现在得知了，那位大穆夫提（解释伊斯兰法律的最高法官）正藏在德黑兰的日本公使馆内。目前看来，最重要的是设法使他投诚。同时我认为也要采取一切措施防止他逃逸。请竭尽全力去办理。

1941 年 9 月 25 日

首相致陆军大臣：

目前，我们正就军队在冬季期间的娱乐活动制订许多计划。他们将允许在一定限度内使用政府车辆去附近较大的城镇。军官们没有这项特权，但军官也许可以适当使用现有的政府车辆，只要他们自己担负油费。他们很多人没有钱去雇用其他任何交通工具，不过，这个办法公平合理。车辆的使用可由军或师的参谋来管理。

请告知你对此的意见。

1941 年 9 月 25 日

首相致海军大臣和第一海务大臣：

修好"格拉夫"号（德国）潜艇后，为何不交给南斯拉夫海军呢？他们有一艘潜艇现已抵达亚历山大港，但是潜艇条件太差，舰队司令不准许它出海。让这些南斯拉夫人来驾驶一艘掳获来的德国潜艇，我非常赞同这一想法。

1941 年 9 月 25 日

首相致工程与建筑大臣：

我十分怀疑，我还能否再度住进沃尔默城堡，或更确切地说，战后是否还有人能住进这样精美的房子。我在接受"五港大臣"的表彰时（我认为这是一种恭维），曾向国王提及此事。显而易见，我当下无法住在那里，因为那里既处于敌人在法国海岸炮台的射程之内，而且只要报道我住在那里，那个地方就会被夷为平地。值此之际，我认为应当由工程与建筑部在战时接管此地，不管以哪种方式，只要他们认为能保障公众利益即可。因此，我希望在我不使用这个城堡的时期，或不从其身上获益的时期，由国家来照管它和那些花园。战后这个问题可以重新讨论。

请告知我你的意见。

1941 年 9 月 27 日

（即日办理）

首相致霍利斯上校，转参谋长委员会：

上周视察"无畏"号时，我很惊讶地得知，分配给这艘重要战舰的几架"旋风"式战斗机是属于低级的型号——"旋风"1 号。不过，我相信只有优良的战斗机才能被派遣到航空母舰上。今年的全部经验清楚地说明，如果航空母舰能配备最高级的战斗机，那么海军便可以重新参加一些原先不能参加的重大战略性战斗。航空母舰应当优先选择符合其要求的高质量、高性能飞机[1]。

1941 年 9 月 30 日

---

[1] 当时英国皇家空军无力抽调比较新型的战斗机供海军使用。

1941 年 10 月

（即日行动）

首相致陆军大臣和帝国总参谋长：

1. 我方军队建立的军备基础十分笨重，不利于海外战事或水陆作战，而这一隐患如今更为明显。最近，装甲部队的状况备受关注。新方法和新要求层出不穷，装甲部队人员的增长居高不下。为了保证陆军的效率，整顿军队势在必行。

2. 我们急需增加作战人员以保证军队的力量，因此为了节约经济，后勤缩减势在必行。我一直竭尽全力维持陆军的力量，避免人们对陆军规模有所争议，消除产生的消极态度。因此，我不得不求助于陆军部，希望你们能够协助我。

3. 为此，必须成立一个由熟悉军队情况人员组成的委员会，并下令制定计划，旨在缩减共计百分之二十五的后勤和非作战部队人员，证明此举是如何在损失最少的情况下来实现的。此项工作应在本月 15 日以前完成，届时国防委员会就可以清楚知道，根据该提议进行人员缩减，还需做些什么。就委员会人员的组成，我想咨询你的意见。我知道改革的道路是艰辛的，若委员会无法成立，我将请求军队外部委员会的帮忙。

1941 年 10 月 1 日

首相致军队运输大臣：

我希望你能在下次大西洋战役委员会开会时提交一份报告，以便会上进行讨论。报告指出若目前我们常用的主要港口不能正常使用，那么替换港口的设备方面有何进展。

1941 年 10 月 3 日

（即日办理）

首相致霍利斯上校，转参谋长委员会：

10 月初将坦克和飞机运抵阿尔汉格尔斯克一事，我十分重视。该运输工作刻不容缓，至关重要。我希望立刻着手制定该项工作的提议书和准备事项，并于周一晚呈交报告。可能需要派出一支专门的运输船队。

我不得不强调这项运输工作极其重要，极其迫切。

1941 年 10 月 4 日

首相致陆军大臣：

我对新成立的陆军时事局所实行的计划，多少感到有些忧虑。这个计划究竟如何，就要看团级军官们的讨论了，究竟该计划是削弱还是加强军队的纪律呢？我们知道，如果没有这种严格的纪律，我方是敌不过高强度训练的德国军队的。军官们的战场指挥才能，并不一定适合于这类性质的讨论。这样的讨论难道不是给那些煽动者提供了夸夸其谈的机会吗？相对于那些受过训练且知识渊博的演讲家，他们似乎截然不同。

我希望你能好好考虑此事，并告知你的意见。在此期间，我请求你暂停该计划。

1941 年 10 月 6 日

前海军人员致罗斯福总统：

经与怀南特大使讨论，我此次致电，就我方内阁关于疑难问题的讨论结果进行说明。

关于下周即将恢复讨论的小麦会议，我们一直在慎重考虑下一步该怎么做。目前提出的小麦协议对战况所产生的影响，我甚感担忧。该协议的草案似乎让人觉得，作为战后获得救济的条件，欧洲小麦输入国必须承担一系列义务，包括严格的小麦生产量，但是这种限制会对其农业系统造成严重的损害。这样就会触碰到许多国家的痛处。依我们看，该类小麦协议的负面影响极其严重。它会给纳粹提供宣传武器，也会引起大众对战后美英两国的怀疑，怀疑两国以何种精神来发挥其威力。而且，该协议也会使那些希望战胜德国的欧洲群众感到慌乱和气馁。因此，我们认为必须删除那些英美干涉欧洲农业政策的相关条款。

与苏联签订任何协议都绝非易事。小麦会议还在筹备时，苏联仍处于中立位置。但是，按照目前这种情况，无论是不与苏联商量就签订该协议，使其利益受到影响，还是我们在苏联濒临生死决战，战区蔓延至其小麦耕作区时向其提出这个协议，苏联似乎都不可能接受这种协议。

为了解决这些问题，我们一直考虑该给那些正前往华盛顿的代表们给予什么指示。但是，我们目前还没有找到一个真正令大家满意的方法，且这个方法又必须得与目前的草案大纲一致。草案肯定是需要修改的。我们知道谈判拖延肯定无法成功，我们也在尽量避免。就我们而言，我们同意建立小麦联合储备，以备战后救济。协议中还有几个特点，这些特点使该协议不会损害（或可以轻易改变其方式而不会损害）未参与国家的利益。比如，确定四个输出国家各自的输出比例以及关于使谷仓"永远保持常量"的条款。

关于其他政策存在争议的问题，可由会议进行进一步的探讨，旨在为以后的决定做铺垫。但是，如果我们现在就想得到确切的答案，我认为这种想法实乃天真。无可否认，一些未参与该会议的重要国家已经受到了影响，但是设法将这些问题引入到英美两国关于战后经济这个更大的讨论范围内，其实是有好处的。这一点，哈利法克斯勋爵会做出更详细的解释。我们也希望能够早日开始这项讨论。

若你同意我的意见，我会照此给我们的代表团发出指示。

1941 年 10 月 8 日

首相致陆军大臣和空军大臣：

（抄送自治领事务大臣）

我认为现在成立爱尔兰旅，或在皇家空军成立爱尔兰中队的时机已经成熟了。如果一早成立了这些部队，我们一定已经取得了巨大胜利。飞行员菲纽肯可能已经是一个伟大的人物了。

我希望向我提出建议。这可能会产生重大的政治影响。

1941 年 10 月 8 日

（即日办理）

首相致陆军大臣和帝国总参谋长：

关于成立爱尔兰旅一事，我希望你能提供意见并告知你的计划。

1941 年 10 月 9 日

首相致陆军大臣：

我在报纸上看到了一些奇怪的军事法庭审判案例。第一个案例，一名军士当众对一位国民自卫军中尉说："那又怎么样？"又接着说，"住口！"但是，这位军士只受到了申斥而已。这种情况，他应该被降为士兵。第二个案例，有些士兵被指称呼那些军士为"三条纹的杂种"，但是却因为这种说法在军中很常见，所以就被无罪释放了。那位作证的少校说，有人这样说他时，他往往装作听不见。

与此形成鲜明对比的是，两名加拿大士兵逃出加拿大，为了参战千辛万苦来到这里，结果却被判了六十天的拘禁。

这一切似乎需要你和陆军当局给予明确的指示。

1941 年 10 月 10 日

（即日办理）

首相致空军大臣、军需大臣和飞机生产大臣：

我已重新阅读了"阿尔比马尔"式轰炸机特别委员会的报告，我认为这份报告需要一个更加明确肯定的答复。我殷切希望能知道两位军需大臣可以提供什么证据，尤其是财务方面。我希望可以从空军大臣这里了解到以下情况：1. 完成第一批五百架飞机时，它们的真正用途是什么。能否告知明年夏季这些飞机的真正用途何在？是用于轰炸德国何处？还是仅仅用于轰炸法国攻击港口？2. 为何拒绝公布这份报告？报告中的哪些信息会对敌人有价值？

周三我们将会就这个问题进行讨论，而我很可能得负责此次讨论，所以我手上需要掌握充分的证据。此事刻不容缓。

1941 年 10 月 11 日

首相致军需大臣：

你外出期间，我已对你提出的关于 U. P. 武器①及其附属引信的变体（即光电引信和无线电）进行了一番考虑。目前最急需的是要为已经部署好的五十门炮制造防空炮弹。光电引信和无线电仍处于研究和实验阶段，但应加快研究步伐，因为如果它们能有效解决这些问题的话，那么海军将获得巨大的战略利益。

截至目前，我对所有正在进行的事情负全责。作为军需大臣，你希望能完全掌控制造和研究这两项工作；你若是从会议记录当天开始担负责任的话，我将会十分开心。此事涉及海陆空三军，我希望你务必安排好协商。

1941 年 10 月 12 日

首相致印度事务大臣：

请告诉我，自首次向驻喀布尔的英国代表提出把德国人赶出阿富汗的那一天起，他总共发来了多少字的电报。

1941 年 10 月 15 日

首相致爱德华·布里奇斯爵士：

谁应负责用无线电向德国人传送关于交换俘虏的电报？此事必须好好进行调查。这些电报应传达谢意，并以直接与敌人通话的形式来传达。此次为正式调查，应向我这个国防大臣提交报告。

盼你能推荐调查小组成员的名单。

1941 年 10 月 16 日

---

① 一种不旋转的炮弹。

（即日办理）

首相致枢密院长：

自 3 月起，空袭避难计划进展良好。虽然有些指标并没有完成，但是相比去年一定好多了。鉴于空袭和防空的形势，他们必须做好人员短缺的准备，随时抽调出一定的人员，尤其是陆军部。我希望在我把此事的会议记录传送给内政大臣之前，你能把它纳入总计划并向我呈交报告。

1941 年 10 月 17 日

首相致陆军大臣：

我极不赞同鼓励军队士兵进行政治讨论的这种制度。你们供给军官参考的评论极其简短，比每天日报上的信息还少得可怜。既要进行讨论，又要没有任何异议，这简直就是异想天开。凡有争论，必会损害纪律。唯一的健全原则就是"军中无政治"。

我希望您能尽快妥当处理此事，把人员分配到有效的工作岗位上。

1941 年 10 月 17 日

（即日处理）

首相致陆军大臣：

1. 我在视察里奇蒙混合高射炮队时，惊讶地发现（妇女）地方辅助服务队伍目前实行的政策是：混合炮队的服务队人员不能视自己为炮队的一员，也不允许她们具有"炮队集体感"。这对于地方辅助队的人员而言，实在令人伤心，她们不能佩戴引以为豪的徽章和勋带等。她们事实上与炮队同生共死，如果形式上不将她们纳入炮队，这实在是说不过去。

2. 按照目前情形，如果陆军部地方辅助服务队的总部发出命令，将高射炮队的其中一员调到别的队伍，那么很有可能一组炮队会全部丧失其功能。高射炮队指挥部对此并无发言权。显而易见，我们此时需要这些混合炮队作为防御主力，所以不能让这类事情发生。

3. 我发现，军队上下普遍希望把那些拿着炮弹为国家服务的妇女们称作"炮手"和"皇家炮兵团团员"。因此，保留"地方辅助服务队"的字样也不会引起异议。

1941 年 10 月 18 日

首相致总督导员：

1. 如果下院希望秘密进行分组表决，那么它得自己负责组织，不仅要安排普通议员，也要安排充当秘书的议员，并在名单上作好相应记号。这些分组名单应作为特殊文件由议长先生保管。

2. 但是，如果根据政府或者其他方面的提议，下议院多数人认为公布表决单和提付表决问题符合公共利益，或是符合分组表决后所产生的宪法效应，那么在此之下，下议院也应由各党领袖举行会议商讨来决定，如何同时公布秘密会议的经过，这样才符合公共利益。各党领袖之间或由下议院选出的议员之间的会议，可以根据以下两种方法召开：一是需要向上议院提出异议时，二是按照议会法令需举行会议时。但是在这种情况下，就必须把即将公布的说明秘密会议经过的文件，当作法案一样经过下院的讨论和批准，并保留修改的权利。

3. 因此，下议院作为唯一的权力机构，在接下来的每一个环节中都能够掌控它自己的进程，并投了多数票来表达自身的意愿。我个人认为他们会同意这种做法。

1941 年 10 月 18 日

首相致贸易大臣：

你根据我 9 月 13 日的会议记录对 1942 年的预算做了清楚明确的说明，我对此深表感谢。我看你似乎对小麦和钢铁的进口信心十足，我们也从石油管理委员会那边得到了石油的良好报告。我赞同输入三千三百万吨石油的做法，这也是我们竭尽全力要达到的目标。如果肉类配给额能够有所改进，我将十分高兴。我想，我们对于苏联承担的义务，不应该使用这三千三百万吨石油限额来履行，因为这是我们与

美国进行所有洽谈后所得到的最小数量。

现在请你为战时内阁准备一份说明，经过以枢密院长为首的委员会审查后，这份说明可在 11 月进行讨论。

1941 年 10 月 19 日

首相致英国政府驻喀布尔代表：

我很赞赏你驱逐德国人和意大利人的处理方法，可我认为你应当知道，从 9 月 11 日我把这项任务交代给你开始至 10 月 17 日期间，你已经发了六千六百三十九个密码字组给我。这样大量拍送电报所花费的人力和金钱，以及这种冗长电文给上级领导带来的不便，实在令人难以接受。我相信清晰中肯的电报也可以非常简洁。

1941 年 10 月 19 日

（即日办理）

首相致劳工大臣：

1. 你已经阅览过我呈交的陆军实力报告，我在里面提道，陆军（新兵）总人数定为二十七万八千人，其中包括五万名补充伤亡的人员。这包括了从现在起至 1942 年 6 月底之间的九个月的人数。你之前预定在 1942 年 6 月底的这十二个月人数是三十五万五千，这两个数字怎么吻合？

2. 不能满足皇家空军提出的要求。他们的地勤人员人数众多。你是打算削减或分解这些要求，还是满足他们的要求？我认为这里可以削减五万人。

3. 我初步打算，不同意民防增添人员的要求。这个数字是如何计算的？是否经过了审查？民防人员不仅不能增加，1942 年还需要大幅度裁减。

1941 年 10 月 20 日

首相致空军参谋长：

我不满意摩尔曼斯克两个空军中队的安排。我原以为安排他们驾驶飞机飞到南部战场与苏联空军联合作战，可结果并非如此，只是作了派遣而已。这两个中队打算何时何地开始行动？我们在苏联战场犯下的最严重错误，就是没有派遣八个空军战斗机中队去支援，他们本可以击毁众多德国飞机，声名鹊起，鼓舞人心。我认为众多批评中，对此事的批评是唯一一个击中要害的。

1941 年 10 月 24 日

首相致陆军情报局局长：

我认为，总体而言，苏德交战双方都减小了战斗规模，而且相比于一个月前，也减少了每天作战部队的数量。你认为呢？

莫斯科地区的隆冬预计何时抵达？

前线是否有挖掘战壕的迹象？

你认为冬季来临前敌军攻下莫斯科的概率有多大？我认为有一半的可能性。

1941 年 10 月 24 日

首相致陆军大臣：

1. 这样似乎把简单的事情变得复杂了。妇女应征募到地方辅助队，并始终佩戴辅助队的徽章。这样即可保证无论她们身在何处，她们的待遇、住宿等特殊要求能得到最基本的保障（由地方辅助队那些有影响力的妇女来管理）。但是，如果派遣妇女前往战斗部队，她们和男兵患难与共，那么她们也应该成为部队成员。故而，她们除了佩戴地方辅助队的徽章外，还应佩戴所属部队相应等级的标识。尽管她们的福利仍由地方辅助队来负责，但是应视她们为地方辅助队的分离队伍，应改编为战斗部队的成员。这种做法并不会使她们的法律身份有所改变，不需要国会进行讨论（如有必要，可轻易获得国会的批准）。

2. 高射炮队的众多妇女非常重要，炮队的效率大大依靠这些缜密组织的炮手，所以炮队指挥官绝不能随意调走这些妇女。有人认为，我们的这支地方辅助部队虽有自己的总司令，但其部分队伍却与某些炮队一起工作，时不时地给予帮助。这种想法不符合我们的主要利益，即以少数男兵维持众多高射炮队。

3. 你提到我对许多情况不甚了解，这一点非常好。我愿意进一步了解情况。我将于11月4日星期二下午五时举行一个会议，届时派尔将军、英国防空委员会的其他官员以及地方辅助队的代表们都将出席，我希望你和陆军部高级副官也来参加。

1941 年 10 月 29 日

（即日办理）

首相致帝国总参谋长：

1. 看到第五十师调离塞浦路斯，并由第五英印师的一部分人来接替，对此我十分高兴。但是，第五十师调往高加索一事尚未确定。在此期间，将它安放何处呢?

2. 所有这些调动绝不能影响"十字军战士"作战计划。望能再次向我做出保证。

1941 年 10 月 31 日

1941 年 11 月

首相致海军大臣和第一海务大臣：

我很遗憾看到我方俘获德国潜艇战俘的数据公之于众。六个月前，我就曾表示不赞同公布这项数据。这项数据太小，将它公布等于告诉世人在潜艇战中我军不敌德军。这种披露绝无必要，只会长敌人志气，灭自己威风。

你们事先知道此事吗?

1941 年 11 月 5 日

首相致空军大臣：

回复已悉。

我认为你不应当轻易放弃这种方法（通过机械师和装配师努力获取各种不同引擎的资格证书）。我听闻德国空军就是使用了这种方法，实现了高度节约。

我请求你必须详细研究此事。

1941 年 11 月 5 日

首相致海军大臣：

我认为，二十艘突袭登陆艇、二十艘重型支援舰，及一百二十七艘坦克登陆艇仍旧不够。该计划须与陆军计划保持一致。1943 年可能需要进行大规模的军事行动。

……

3. 如果在印度建造一个小型的浮船坞，需历时多久？它是否可以替代其他建筑？

4. 鉴于"英王乔治五世"号的悲惨经历，如果"雄狮"号的全部设计没有经过（曾指挥过或使用过这类舰只的）海军军官举行会议来审查，就开始着手建造，这种做法是错误。我赞成设置三个三联装十六英寸火炮炮塔的提议。1942 年你需要多少装甲设备？如果设计问题得到圆满解决，那么我会支持开始建造炮塔和炮架，但前提当然是不能影响坦克建造计划。

5. 请向我汇报美国建造的一百艘护航舰的情况。

6. 请将 1943 年底德、意、日将建成的那十一艘新式或现代化的主力舰，以及我们的十一艘，分别开列清单。战争似乎会在新主力舰建成之前（即 1947 年）结束。如果我们获胜，我们将解除敌人的武装。如果敌人获胜，他们将解除我们的武装。

7. 那艘新航空母舰的建造还须考虑其他对装甲板和造船工人的要求。不知建造这艘船需耗时多久？

8. 我同意建造三艘装有六英寸口径火炮的巡洋舰和一艘装有三联

装八英寸口径火炮的巡洋舰。

9. 请向我简略汇报"重型支援舰"的情况。

10. 你的建造计划并没有提及驱逐舰。我想这是因为所有的船厂都已被预订完毕。请提交我一份报告书，说明哪些驱逐舰已在建造中，把它们分成三级，并说明每级的建造速度。

1941 年 11 月 7 日

（即日办理）

首相致伊斯梅将军，转参谋长委员会，并致空军参谋长：

派遣志愿飞行员和飞机加入陈纳德的飞行队（中国的国际空军）一事，请尽快筹备。望能告知有何提议。

1941 年 11 月 9 日

（即日办理）

首相致空军大臣和空军参谋长：

1. 最近，夜间轰炸机和日间战斗机都损失严重。现在不宜过分催促法国上空的战斗机进行攻击；每月大约进行两次（而非四次）扫荡，另外不断袭击船舶，这应当足矣。虽可减轻袭击力度，但应保持不断袭击。

2. 我曾在内阁多次反对这种完全不顾天气状况，强行在夜间轰炸德国的做法。此时轰炸柏林并无特殊意义。上周我们损失惨重。美国的轰炸机建造计划尚未完成，我们经不起那样规模的损失。我们不能仅仅因为日常军事活动就遭受等同于一次战役或一个军事行动所产生的损失。我们没有必要一边抗击天气，一边同敌人作战。

3. 战斗机和轰炸机司令部的当前责任是养精蓄锐，以待来年春季。

4. 请向我详细汇报，上次突袭柏林的当晚，我们的轰炸机所遭受的损失情况。

1941 年 11 月 11 日

（即日办理）

首相致空军参谋长：

飞机持续消耗情况比较严重。请每周向我汇报，英国本土所有因敌军行动或其他原因而被注销的不同类型飞机的数量。另外，还请开列一张清单，列出每周损坏而中队不能自行修理的飞机。

1941 年 11 月 11 日

首相致空军参谋长：

10 月份的前两周，轰炸机司令部为了参加陆军演习，取消轰炸敌军的船舶，这导致敌军在此期间毫无损失，此事是否属实？

何时做出这种为了演习而放弃作战的决定？何人做出的决定？

1941 年 11 月 11 日

首相致印度总督：

1. 我对于你释放其余甘地主义犯人的做法感到非常惊讶。如你所知，一直以来我都认为，像尼赫鲁这样的人不应该被当成罪犯，而应当成政治犯，我赞同所有能减轻其罪名的做法。可是，对于此次全体释放，我的总体印象是成功之时做了投降之事。毫无疑问，此次释放全部罪犯的仁义之举会被称为甘地党的一次胜利。尼赫鲁及其他人会重新犯下新的罪行，届时还须重新进行审判和定罪。你不会得到任何人的感谢。你不能轻易否决霍普和哈里特的反对意见。

2. 今晚我在内阁谈及了此事。内阁认为，他们收到你的正式提议后，需要更多时间来商议此事。周一前我们无法答复你，故我请国务大臣要求你把行动日期（17 日）延迟几天。我们下院在等待别国答复时，经常采取这种做法。

致以最亲切的问候。

1941 年 11 月 12 日

（即日办理）

首相致陆军大臣：

随函附上贝弗里奇就三军技术人员所写调查报告的一份摘要以及劳工部大臣的信件，还请一阅。显而易见，这篇报告对陆军部伤害极大，因此，陆军部有必要在报告公布之前拟定出合适、明确的补救提议，并与这篇报告一同公之于众。

陆军规模正在扩大二十倍，而海军的规模扩充还不到两倍，所以不会有人期望陆军与海军有同样的组织效率。但是空军力量增长迅速，你们应该要赶上空军的标准。

我建议你成立一个小规模委员会来探讨出一个合适的计划，主席可由财务秘书担任。两周之内需拟定好这份计划，经我审核后即可公开呈给内阁。

1941 年 11 月 13 日

（即日办理）

首相致海军大臣和第一海务大臣：

1. 我对以下事情感到非常不安：我们每月击沉的敌舰还不到两艘①，而敌舰增加了近二十艘。海军部曾在战前宣扬过我们的应敌方法，但显然这种方法毫不奏效，实在令人痛心。我估计自开战以来，我们损失的现役潜艇数量要远比敌军多得多。

请告知我实际数量。

2. 我认为整个局势非常严峻，所以我希望不久召开一次特别会议，查明问题所在，并思考一下除了当前实施的措施外，是否还有其他可行办法。

请告知我们的反潜艇追猎舰预计每月能增加多少？将所有关于德国人在训练艇员和其他方面遇到的困难情况做个汇总并进行检查。请

---

① 经过战后分析，查明这一时期的德国潜艇损失如下：9 月两艘；10 月两艘；11 月五艘；12 月九艘。同时期英国潜艇损失为三艘。

告知我你们何时准备妥当。

1941 年 11 月 14 日

首相致内政大臣：

我想知道，你采用了什么方法能让十二对已婚战俘羁押在一起。现在马恩岛的秩序已经重新恢复，所以把这些战俘送到马恩岛应该没有人会反对了。如果不送去马恩岛，那么英国哪些监狱能稍作调整使得他们夫妻能进行适宜联系，英国一定有这样的监狱。

听说如果拘留的是外国人，那么夫妇就可以被关在同一个地方，这种情况属实吗？如果真是这样的话，那么这么差别对待英国籍的拘留夫妇是不公平的。

我强烈反对第十八条乙项条文，如果真的以这种苛刻的方式实施这项条文的话，我应该不准备完全支持它。我们的本意是拘留，而不是监禁。

奥斯瓦德·莫斯利爵士的妻子现已入狱十八个月，至今没有任何迹象表明要起诉她，并且她与她的丈夫是分开的。

假释这些被拘留者，或是让他们找些品行良好的担保人做担保释放他们，你考虑过这个问题吗？

希望在下院进行讨论之前，你能向内阁提议。

1941 年 11 月 15 日

首相致陆军大臣和帝国总参谋长：

我很遗憾看到九个海滩师或州郡师的等级均低于野战师。每个师所缺少的只是两个皇家工兵连和一个炮兵团，以及更高规格的运输车辆。请拟写一份计划给我，准备在 1942 年 3 月 31 日之前，如果不行则在 6 月底之前，将这些师的兵力配备提高到与野战师同样的标准，并告诉我还需增加多少人力，装备是否已到位。

按照诸如卡车的生产速度，额外的运输车辆应该很快就能完成。如果再适当地搜罗陆军的主要部队，那应会更快。

1941 年 11 月 17 日

首相致彻韦尔勋爵、爱德华·布里奇斯爵士和伊斯梅将军：

我希望能在年底前充分计划好 1942 年的战时生产预算，并交由内阁审批。要完成这一目标，就必须敲定海、陆、空军已经大大提前的计划，并拟定出随后军需部的任务。

同时要对进口计划和国内生产进行调研，其中进口计划是以三千三百万吨为基础制定出来的。我建议从额外多出的两百万吨可用进口额中，拿出五十万吨放在食品和饲料方面，另外为了弥补今年军火供应的锐减，就将剩下的一百五十万吨放在军火方面。但这并不意味着可以过度增加不必要的进口，比如木材。一定要把重点放在更迫切的战争投入上。

第三个方面就是人力问题，内阁正在进行讨论，但很快就能解决了。

我认为可以将上述内容拟成指令，加以概括说明，约于 12 月 15 日开始传阅。指令拟定好后可以先让我研究一下。这项指令内容不能超过一张白色方形双折纸，要按照去年的模式来写。

1941 年 11 月 17 日

首相致教育大臣：

请给我一份简略报告，说明在 1941 年的战争条件下小学毕业的十五岁及十五岁以上的男孩数量。

这些男孩有多少加入了任何形式的工业生产和工作？十五岁到十八岁半之间的男孩有多少在从事军火工作？有多少人参加了各种形式的学生军训队？有多少人继续读中学或大学？

这些男孩当然需要教育和训练，但是空袭警备处、高射炮队也需要大批男孩，所以我希望能把两者放在同等重要的地位。

1941 年 11 月 22 日

首相致第一海务大臣：

请问当前计划如何部署航空母舰？自从收到这些电报以来，我们已经损失了"皇家方舟"号，但我们还有四艘新的航母。我不想派遣任何一艘航母前往好望角周围，除非训练不可避免。我目前密切关注着地中海的情况。当然，如果坎宁安海军上将驻扎在地中海中部，或者我们占领的黎波里，或者法属北非加入到战争中，我们就值得派两艘航母到那里。现在我们还无法看清那里的局势。我猜想你会将其中一艘较旧的航母送给印度洋和太平洋方面。

请给我一份简短报告。

1941 年 11 月 23 日

首相致"K"舰队司令：

恭贺你在马耳他岛工作期间的出色表现，并请你代我转告各级官兵，11 月 8 日他们消灭了敌军的护航队，上周一又歼灭敌军两艘油船，这两次战功对处于激烈战斗的利比亚战场起到了一定的正面作用。舰队的工作成果显著，并且为英国和我们的伟大事业做出了贡献，所有相关人员都应感到无比自豪。

1941 年 11 月 27 日

首相致伊斯梅将军，转参谋长委员会，并致空军参谋长：

我们应竭尽一切人力来（协助南斯拉夫境内的游击队员）。请汇总我们所有的可做之事。

1941 年 11 月 28 日

首相致第一海务大臣：

我们预计到 12 月 15 日会有三十六艘德国潜艇在北大西洋活动，但我总觉得实际不会有这么多①。希望你考虑一下有没有可能派至少十二艘驱逐舰增援地中海。地中海的情况会随着利比亚战局的变化而

---

① 战后数据表明，1941 年 12 月在北大西洋作战的德国潜艇平均每天有八艘。另外，在任何一天都会有其他潜艇在驶出或驶回时经过北大西洋。

变化，所以这些驱逐舰也不一定需要在那里待太长时间。但是，舰只数量是我们成功出击的关键，所以我们应该会有好的战果。

请告诉我是否有其他工作可做。

请告诉我 11 月份被敌军潜艇击沉的数量。

1941 年 11 月 28 日

首相致伊斯梅将军：

我个人对西非波兰军官的这个计划颇感兴趣，但我对他的执行方式不太满意。对于前往这些热带地区的波兰军官，显然有必要给他们一些置装补贴。然而，这个事情已经讨论几个月了。一开始决定发五英镑，最后决定的是十五英镑。我想这也是处理这种尝试的典型方法了。

应邀请二百多名官员出面应试，这一点我在其他文件里做过指示。西非和国内的进展情况应该每周当面向我报告。如果有人从中阻挠，一经发现，请向我报告，并且要从国防部那里继续深究此事。请告诉我陆军部哪位官员负责处理此事，你要经常询问情况，以确保该官员能够胜任此事。

1941 年 11 月 29 日

首相致外交大臣：

美国应该继续保持与维希的关系，维持向北非方面的供应，继续不露声色地进行其他形式的任何接触，我认为这是最重要的。在我们还不知道利比亚战局结果之前就切断任何联系是非常错误的举措。切断联系随时都可以，但要恢复联系就难了。

1941 年 11 月 30 日

1941 年 12 月

首相致空军参谋长和战斗机司令部司令：

以下是从昨晚我们的谈话中总结出的主要结论：

1. "前进"① 将于 1941 年 2 月 1 日开始实施，除非审查过去十年或十二年的天气情况，证明 3 月会远比 2 月更有利。如果情况属实，那我将重新定夺此事。

2. 要尽最大努力拓宽战斗部队的战线。为了达到目的，应该将后备飞行员和飞机组成空中中队。如果战争持续，就可以轮换上战场。

3. 可以尝试将日间战斗机分配到夜间战斗机中，如果试验成功，就能采用两用战斗机中队的方法。

1941 年 12 月 6 日

首相致粮食大臣：

你成功处理了很多棘手的工作，但鸡蛋分配计划好像是一个例外。很多军队营房里都传来抱怨声，而鸡蛋供应不足确实是事实。

我会发给你一份报告，里面是农业大臣对于这个问题所发表的观点。

请给我一份简略报告，说明你的计划和策略。

1941 年 12 月 6 日

首相致军需大臣：

我希望 12 月 11 日星期四下午能够前往舒伯利内斯，如果你能安排演示一下这些 U. P. 武器的话，我会非常感激。

1. K 型。

2. L 型的 A. D. 装置。

3. J 型的 A. D. 装置。

4. 5 英寸 U 式火箭。

5. 3 英寸 U 式火箭。

你在 12 月 2 日的备忘录中提到优先问题的建议，我想在最后做出

---

① "前进"是一种无线电装置的名称，利用这种装置，英军的轰炸机在轰炸德国时可以确定目标方位。

决定之前，需要查看一下各类武器，并比较出它们各自的优缺点。因此，我希望你能陪同我前去查看。

当然，如果天公不作美，那就作罢。

1941 年 12 月 6 日

首相致伊斯梅将军：

如何处理在埃塞俄比亚、贡德尔和其他地方缴获的意大利步枪？总共有多少枪支？多少弹药？

1941 年 12 月 7 日

首相致陆军大臣：

（亲启）

你写给我关于地方辅助服务队的备忘录，我已经仔细地考虑过，我愿意对你提出的原则进行一次实验。这些炮队能不能吸引到地方辅助服务队里的优秀人员和那些不得已加入地方辅助服务队的成员就看你的了。我担心会出现像反对女性从事危险工作这样的情况。我们一定要消除人们的这种心理。另外，管理地方辅助服务队的女性中还盛行着一种看法，即所有的一切都要以忠诚地方辅助服务队为先，然而炮队团体精神却与她们的兴趣和意向相背。对于这种想法，我们决不能容忍。女性指挥官的主要工作范围是在福利方面，这个也应该是她们主要努力的地方。

从军条件非常恶劣艰苦，我预计今后还会更糟，因为很多人正被迫或是勉强愿意加入陆军部。作为国务大臣，在不让这些女性受到粗鲁对待上，你负有很大责任。诺克斯夫人和她的助手们在这方面所做的工作值得称赞，但不要让她们的工作影响到炮队积极快乐的生活，不要让女性打消加入炮队的念头，也不要打击她们像对地方辅助服务队那样关心炮队的积极性。

如何在实际中运用你在备忘录中提到的原则，我非常希望你能对此做进一步的报告。应该颁发各种小奖品和勋章给那些为炮队服务的出色女性。

1941 年 12 月 9 日

首相致林务委员会主席：

　　我在报纸上看到报道说伐木公司为了获取利润正在残忍地砍伐我们的很多林地。为了确保能保留住一些最好的树木，并适当考虑到乡村的整体面貌，你有什么措施吗？我知道我们不得不大力砍伐，但保留一定数量的树木也不无道理。

　　请用几句话向我说明一下你重新栽植的方法。每砍下一棵大树，你一定会重新补种两到三棵吧。

1941 年 12 月 9 日

首相致粮食大臣：

　　你说你应该更愿意在计点配给计划里增添糖果和巧克力，并希望马上就能实施。等到你有能力去实行配给再进行这个计划，这样不是更好吗？如果你现在就推行糖果配给制度，等到你以后提出改进建议，所有的保守势力和反对行政经济的人士都会一致站起来反对你。

　　我听说在枢密院长的委员会中，大家都认为糖果配给比其他任何种类的配给更能引诱人们违反规则。我们应该反对一切不利于尊重配给条例的事物。如果我们人为地制造出一些违法行为，既不受法律制约，也不被公众谴责，那么逃避法律约束的习惯就会蔓延至其他能给人们带来危害的方面。

　　我们实施没有糖果和巧克力的配给制度已经很长时间了，即使再推迟一小段时间，人们也能接受。任何次要食品的配给（只要你认为必须实行）都应该纳入计点配给制度，这是我们无一例外都要遵守的一项原则。

1941 年 12 月 9 日

（即日办理）

首相致劳工大臣：

我看到报道说，你觉得议会议员应该与其他人一样有被征召服兵役的义务。我制定了一项规定，即下议院的工作等同于国家的最高服务，上一场战争遵循了这项规定，这场战争中也必须遵循。下议院或上议院中的任何一员都有权自行决定是否继续服务下去或以其他形式进行服务。两院的议员们是自由的，任何时候只要他们觉得政治上有需要，在收到合理的通知之后，他们就能离开武装部队或进行其他形式的工作，以便参加议会。

我不会允许任何事情违反这项规定。

1941 年 12 月 10 日

首相致掌玺大臣和粮食大臣：

我认为现在公布这些配给的限制条件是一个错误。这会给人带来一种恐慌。美国完全加入到战争当中，这大大地提高了我们的地位。后备存储充足。我们一起协同作战，他们的伙食比我们的还要好。

我希望在不久的将来也不会有这种性质的宣布，并且我希望战时内阁在做任何最后决定前能先与我商榷。

1941 年 12 月 12 日

首相致帝国总参谋长（艾伦·布鲁克爵士）：

（关于你可能组建一支波兰装甲师的备忘录）

1. 我认为不能等到所有英国装甲师已经配备齐全，而且还拥有大量坦克做后援时，才向波兰配发坦克。我原以为大家都同意，先给各师配备初步设备，等有更多的坦克时再组建储备力量。波兰军队应在此基础上享有同等待遇。西科尔斯基将军将 1941 年 4 月 1 日定为解决此事的日期，我实在不明所以。因此，我希望你能基于我所指出的以上内容向我提出建议。

2. 我们肯定有办法给波兰军队配备好的坦克，并使他们组成一个团体一同作战。军队中每个单位都有完全相同的组织,这样当然便利,但也不是非这样不可。英国装甲师扩充之后有三百五十五辆机动车辆,波兰军队没必要配备同样的装备。一个切实的解决方法就是在接下来的六个月内再给他们配备二百辆坦克,之后再形成通常的满额编队。我们肯定有办法把波兰的军事力量凝结在一起,而不是将坦克部分与其他剩余部分分离开来。

希望你能给我进一步的建议。

1941 年 12 月 18 日

首相致陆军大臣:

你做的关于贝弗里奇报告的备忘录已收到。

1. 贝弗里奇就三军技术人员的使用情况做了一份报告,陆军部打算与此同时公布你的这份备忘录,所以你的这份备忘录还需做得比现在更切实简洁。

2. 陆军部所持的立场应该是,他们的职责是生产有效的战斗机器,而不是管理完善的工厂组织。因此,破坏班、排、连团结的事一定不能做,而且鉴于存在敌人入侵的危险,绝不能容忍在国内港口扰乱陆军体系。

3. 然而,一定要清楚地说明如何根据各个部队技术人员的现有情况安排利用他们,以及如何更充分地利用他们。因此,对于贝弗里奇报告中的那些会影响军队团结和军事效率的建议,你的这份备忘录要能够对其进行有力的反驳。

4. 但这并不意味着陆军部能拿军事效率当作借口,掩盖报告中所发现的重大缺陷。备忘录不能只以洗白为目的,它还应该将为改正缺点所做的真正努力呈现出来。只有陆军部能够具体地而不是抽象地说明如何修正,国会和公众才能安心。因此,备忘录在陈述报告中的要点时应特别注意,并且要用常人容易理解的方式进行。

5. 要点是:

(1)说明部队里还未使用的技术储备人员足够满足以后对技术人

员的全部需求，重武器技术兵除外。

（2）说明回顾检查许多野战部队的编制能够确保技术人员的合理利用。

（3）说明（目前还未进入前线但以后将为前线所用的）部队兵员技术，我们可采用更有效的措施加以利用。

（4）说明可能会大力改进用于技术人员测试、重新集中和调动的机构。

（5）说明应成立一个特种机械化工程兵科，结束目前机构重复的现象。

（6）说明应该将招募的兵员全部纳入陆军，而不是将他们安排到某个特定的军团或单位。

6. 陆军部的回复若要切实可行，就需好好地起草。你应该成立一个小规模的委员会，我建议成员可以是财务秘书詹姆斯·格里格爵士和陆军部高级副官，并让他们参与起草回复。我希望能在 1 月 10 日将回复提交给我，以便在必要时能及时交给内阁。

1941 年 12 月 21 日

首相致本土部队总司令（佩吉特将军）：

1. 这是一份非常值得称赞的文件（厄特森·凯尔索将军论步兵训练），对于其中的每句话我都赞同。一想到你将有机会大范围实行文件中的许多明智、鼓舞人的原则，我就非常高兴。我将从各个方面帮助你。我会尽我最大的努力不让班、排受到不必要的干扰，或是让步兵从事其他的民间工作（除紧急时期或收割时期外）。让一个配备精良的步兵营以一群猎犬的勇猛精神和团结一致进行战斗，尽管我很赞赏这种想法，但我也非常希望能有机敏的一面。我希望在实际操作训练中不会再有让人烦恼的变更，并且擦拭装备不会与有效的野战训练冲突。

2. 请给我一份报告，将你是怎样运用这个文件中的想法作进一步的说明。我对这份文件非常满意。

1941 年 12 月 22 日

首相致粮食大臣：

你的关于鸡蛋配给计划的备忘录已收到。

值得恭贺的是有三十七万小生产商对于养鸡有足够的冲劲；但这一行动没有受到充分鼓励，这是我对此的唯一不满。毕竟后院养家禽可以利用很多废弃食物，这样也节约了粮食。

我非常明白你的困难，你的进口量已削减到三分之一，但是我希望你能将之前计划的数量算进来，不要让这种厨房中必不可少的重要动物蛋白供应短缺。

1941 年 12 月 22 日

首相致帝国总参谋长（艾伦·布鲁克爵士）：

我们已经编成了第十八、第二十和第十九骠骑团以及第五和第二十一枪骑团，现在再来创造这些稀奇古怪的编号——龙骑团、骠骑团和枪骑团，实乃古怪。而且，这些团中没有一个配备卡宾枪、剑和长矛。使用这些新产生的、不真实的、虚假的名号之前，按说一定要先恢复使用这些武器。希望你能向我解释一下陆军部这样做的时候心里是怎么想的。

1941 年 12 月 22 日

附录（2）

首相致澳大利亚政府的电报

首相致澳大利亚总理：

　　1. 你现已接任这一重大职位，我最真诚地祝愿你能成功，并且我向你保证，我和我的同僚们会尽我们所能，拿出我们和孟席斯先生共事时同样友好、和善的精神与你一起工作，我们也很高兴看到孟席斯先生在你领导下担任国防协调部长。

　　2. 你逗留此地时澳大利亚所发生的一些问题，我们也一直密切关注着。如果我向你说明在这个问题上我们的立场以及我们所处的地位，对你来说也不失为一种帮助。

　　3. 英帝国会议宣言体现在《威斯敏斯特法案》上面，自 1926 年发表以来，所有自治领政府都享有与英国同等的地位，并且都可以直接觐见英王。目前我有幸担任英王陛下大不列颠和北爱尔兰政府内阁的首脑，这个内阁对我们自己的议会负责，并且由于大多数人都来自下议院，所以由国王任命内阁成员。所以，如果不是组织上的变更，且这类变更必须要与所有的自治领商量，就不可能让负责澳大利亚联邦立法机构的澳大利亚部长成为我们的一员。上次战争中史末资将军的事例不能当作参考，因为那时他是战时内阁中不可或缺的一员，国王任命他是看中他的个人能力，而不是因为他代表着南非或各个自治领的看法。

　　4. 然而，事实上，不论任何时候，只要自治领首领访问我们国家，当然不能太频繁也不能访问时间太久，我们都会邀请他和我们坐在一起，充分参与商讨。这是由于他是自治领姊妹国的政府首脑，和我们一同作战，并且他大概有权利代表相关自治领发言，其发言不仅仅可以针对国内事务，还能针对在讨论过程中出现的问题。这对我们来说是个很大的优势，能够加快办事速度。

5. 与总理相比，自治领部长的地位就不一样了。他不是首脑，而是一位使者。当前战争期间，除了总理外，很多来自澳大利亚、加拿大、新西兰和南非的自治领部长也曾到访过。我时刻准备着和他们讨论和交换意见，或者安排他们与他们所关心的相关方面的部长保持紧密联系。通常情况下，自治领事务大臣和有关自治领的高级专员来招待他们，为他们提供工作所需的一切设备。就我注意到的而言，相关方面都非常满意。

6. 有人建议，此次战争期间，每个自治领除了派遣总理外，还应派遣一名部长参加英国的内阁会议，对此我也曾考虑过。我从加拿大、南非和新西兰自治领的各位总理那里了解到，他们对于现在的安排很满意，并不想再派一名代表。事实上，一些自治领的总理极力反对这种建议，他们认为除非有特别的指示，否则只有总理才有权利代表政府发言，并且可能他们也发现，他们的部长参与会议所做的任何决议都会有损总理的行动自由，况且在战时期间有些问题还需立即做出决定。

7. 作为英王陛下政府的大臣，从我们国内的角度看，这么做存在很多困难。目前内阁人数是八位，但有很多争论说内阁人数不能超过五位。增加四位自治领代表，意味着至少会有同样数量的英国大臣退出战时内阁。和你们一样，我们的议会和民主制度是以政治制度为基础的。正如目前所建议的那样，我自认为既不能向英国内阁增加四名自治领部长，否则内阁人数多于工作所需，也不能剔除现在的工作同僚，因为现有成员都是所属党派的领军人物。

8. 如果你希望从澳大利亚派遣一名特使前来讨论有关我们共同作战的相关事宜，我们当然会以最大的关注和尊重欢迎他的到来。但是，他不会也不能成为我们政府日常工作的一员。

9. 你来决定特使和现有的澳大利亚高级专员以及自治领事务大臣之间的关系。但是，如果保留一位这样的大使作为一种常规机构留在这里，看起来好像一定程度上与现有的高级专员的职能重复了，并且可能会普遍影响自治领事务大臣与这些高级专员之间的关系。这类难题难以避免，但是可以克服。与自治领事务大臣进行日常接触的高级专员们的整个工作系统进行得非常顺利，我确信其他的三个自治领也会反对进行任何变更。

10. 如果能够安排的话，我们当然欢迎自治领总理之间举行一次会议，但是，正如你们所知，时间和距离都是很大的难题。我们也非常愿意考虑成立一个帝国战时内阁，如果你想这样做的话。然而这种变化影响深远，不能逐个形成，只能普遍希望效忠英王的各个政府能实现。

1941 年 8 月 29 日

首相致澳大利亚总理：

德国进军可能会威胁我们在叙利亚和伊拉克的地位：

1. 通过安纳托利亚进攻叙利亚；

2. 通过高加索和波斯（伊朗）进攻伊拉克；

3. 将上述两点结合在一起。

通过安纳托利亚——如果土耳其不同意给德军让道，那么为了征服土耳其，德国一定会动用大量的陆军和空军力量，这样就很难在六到八个星期从苏联撤兵、重新装备再集中兵力。实际上，从 12 月 1 日到 3 月底，安纳托利亚的天气情况都不适合开展军事行动。所以，德国集结大量军事力量去征服土耳其，除非等到很晚，否则我们觉得不大可能实现。因此，德国在春季之前通过安纳托利亚进攻叙利亚是不可能的。

但是，如果结果和我们预想相反的话，也就是土耳其同意给德军让道，那么年底之前，德国就可能有三到四个师抵达利比亚边界，并

且会以每月增加一个师的速度进行增援。如果能够借用土耳其的领海航线，这支进攻力量又会得到增强。因此，最主要的还是要看土耳其希望能从我们这里得到多大的帮助。我们已经指派驻安卡拉的代表就此事进行以下发言：

1. 如果土耳其选择抵抗德军，我们会在第一时间给予足够的军事支援。我们在中东的根本目的是摧毁德国的非洲军团，收复昔兰尼加，但是我们希望最快能在 12 月 1 日之前向土耳其派遣四个师和至少一个装甲旅。空军支援的规模相当大，准备组成一支由八个战斗机中队、一个陆空联络机中队、两个重型轰炸机中队和六个中型轰炸机中队组成的空军。

2. 为了保卫我们的军队及机场，我们将提供一支强悍高效的高射炮队。此外，我们还会即刻向土耳其运送一批特别物资，即一百门三点七英寸口径高射炮，这还不包括每个月正常配置的六门。

通过高加索和波斯——即使苏联提前沦陷，德国今年也不可能通过高加索全面进攻波斯和伊拉克。我们控制了波斯，这大大增加了我们右翼的安全。

现在再来看看，为了应对德国的进攻，我们自己采取了哪些行动。不管德军从哪个方向进军，我们的首要要求就是一定要拥有能使空军可攻可守的相关设施。相应地就采取步骤经过土耳其的同意后在安纳托利亚提高和增加机场设施。这会给我们在中东的空军力量提供一定的灵活性。

第二个要求就是在我们所控制的地区改进铁路和公路设施。这个正在全力推进。

另外，还要尽快采取行动展开我们在巴士拉区域的维修工作，包括构建新的港口，这样就能继续向波斯湾增调军队。

西部沙漠——必须要尽早扫清昔兰尼加东部地区，这不仅是为了保卫我们在埃及的军队，还是为了能继续控制地中海东部。分布情况如下：

据估计，敌军目前在昔兰尼有两个德军师（一个装甲师和一个轻

摩托化师）和六个意大利师（包括一个摩托化师和一个装甲师）。我们认为，德军单凭这些军事力量还无法大规模地进攻尼罗河三角洲地区。敌军在后备供应方面遇到很大的困难，他们缺乏运输车队。另外。我们击沉了从意大利运送的很大一部分增援部队和物资。但是，如果他们能沿哈尔法亚—卡普措—拜尔迪耶建立一个强有力的基地，并且组建汽车运输队提供物资，那么就有可能对西迪巴拉尼发动一次较大规模的进攻。

只要一有机会就进攻，这是我们的目标，但是司令不希望像"战斧"作战计划那样再冒险了，他会等到他认为有把握时再前进。他估计，为了这次进攻，他配备的装甲力量不能少于两个师。这个行动要等到 11 月 1 日才开始，但是如果有机会的话，也不排除他会提早进攻的可能。守住托布鲁克的重要性已经清楚地呈现出来了。

1941 年 9 月 7 日

附录（3）

英国派往美国的购买代表团

——1941 年 8 月 11 日首相指令

1. 英国早已向美国定购了大批军需品等物资以供战时所需。这一举措不仅使得英国各部门之间步调一致，而且还协调了英国国内生产和国外定购。珀维斯先生对此事全权负责，一切不当之处都应向他报备，以便在国防大臣的办公室得以解决。可是，不管是为了英国还是为了美国的武装力量，当务之急都是要进一步获得大量供应品，尤其是在船舶、轰炸机和坦克方面。此外，苏联作为反希特勒的积极同盟国，它的加入不仅需要英国对原有订单和追加订货做出某些调整，从长远政策来看，还需要大力扩建工厂，增加设备。

2. 从目前英国的补充计划来看，重型轰炸机和坦克之间并没有孰轻孰重这一问题。我们不再从时间这一角度来考虑轻重缓急，而是看同一时间内的分配数量。

在此基础上，如果我们的美国盟友能向我们说明大幅度增加产量的前景计划（无论是通过现有工厂的改良生产还是筹建新厂），并让我们了解他们如何处理英美两国之间的需求问题，那我们便能在英国各部门之间进行相应的分配。比如，我们认为，不能因为我们需要补充重型轰炸机就将同时需要扩充坦克的计划排除在外。也就是说，重型轰炸机与坦克的比例可以定为六比四或六点五比三点五，尽快同时进行二者的生产。我们认为这一解决方案最为恰当。

3. 再分配十五万支步枪给英国的计划大受欢迎。尽管弹药匮乏，但对战斗机机场的保卫人员而言，这些步枪必不可少。因为目前在这些人员中，至少有十五万人靠矛、钉头锤和手榴弹进行防卫。虽然零点三英寸步枪的弹药在英国十分紧缺，平均每支步枪不到八十发，但是目前美国正在加速生产为我们提供弹药，这样一来，本月便可将我们透支的五千万发全部付清，而且弹药供给以后还将达到每月二千万到二千五百万发。尽管在一些飞机场上，只给持步枪的人员每人发放十发子弹，但这也比我们当前采用的紧急措施要好多了。而且我们现在能对所有穿制服的人员下达最为严格的指令，命令他们决一死战，但如果相关的士兵与飞行员手上没有武器，那我们发出这样的指示就会底气不足。

由于进攻将在 9 月 15 日后全面展开，因此，我们希望这十五万支步枪能以最快的速度交货。如果我们向罗斯福总统报告，告诉他此刻敌人正在荷兰、比利时和法国港口积极活动，声势浩大，为入侵做足准备（目前尚无迹象可寻），在这一紧急情况下，我们就能要求他们赶紧将另一批零点三英寸步枪子弹运过来，而这批子弹也将会从我们以后每个月的生产额中扣除。

4. 立即全面研究苏联军队设备的更新问题似乎势在必行。英美两国军需部经过了初步商议，认为在莫斯科进一步召开会议才是明智之举，这的确也在所难免。为了达成此行，以及参加必要的初步会议，首相将提名军需大臣比弗布鲁克勋爵（应于今日抵达）作为英国代表，并全权代表英国所有部门。

附录（4）

英美苏三国会议

首相兼国防大臣的总指示：

1. 关于比弗布鲁克—哈里曼会谈所带来的结果，比弗布鲁克勋爵已在今日的报告中进行了说明。我们必须意识到：首先，我们需要履行我们的承诺，将一部分坦克和战斗机分给苏联；其次，关于在莫斯科会议上英国应提供多少其他装备和物资，比弗布鲁克勋爵在很大程度上享有自由裁量权。

2. 我们必须向苏联保证，我们将在 1942 年 7 月 1 日至 1943 年 6 月 30 日这一时期内增加配额。在这一年的时间里，英国的战时生产将达到全盛时期，同时，美国也将步入发展战时生产的第三个年头。虽然英美两国对战时的生产量都做出了乐观估计，但我们不应承诺具体增加的数字，这才是明智之举。另外，承诺将英美两国产量的某个百分比给予苏联的做法也有风险，因为这样一来苏联便会立即要求增加配额。既然苏联没有给出任何生产数据，我们也应对英美两国联合生产的预计数额避而不谈。不过，我们应当要求他们列出其剩余物资的数量，而且这要与他们或许能够守住的后方阵线的情况相符。比弗布鲁克勋爵也可站在一个乐观合理的角度来看待这些长远前景，而且他可自行对苏联的持久抗战进行鼓舞。

3. 我们可提醒苏联把注意力放在航运受限的问题上，更加关注他们自己在各个港口使用权上受到的运输限制。这里需要向他们着重说明：全球航运迅速遭到破坏的情况，恢复航运的解决措施，以及我国基本需求现已减至最低程度。

4. 如果美国同意，还可以鼓励苏联保持海参崴航线的通畅，以此对日本进行威慑。需要特别强调的一点是，我们需要竭尽全力、最大限度地发展从波斯湾通往里海的铁路线和公路线。但由于时间关系，这势必会直接影响横贯波斯的铁路和公路的施工进展，应对此加以解释。同时还应指出，不管任何时期，沿着这条路线进行物资及军队输送都与道路修建存在冲突。苏联人综合考虑了冬季结冰和敌人可能采取的行动这两种情况之后，肯定能清楚地衡量阿尔汉格尔斯克的设备与能力，也会大致了解阿尔汉格尔斯克与苏联中部的铁路线。

5. 会议进行的前提必须是美国作为非交战国。英国现在的人力负担沉重，且1942年以后，这一负担还会加重。不仅各自治领、印度和各殖民地给予的援助，而且我们的人力，都完全被占用了。我们只能通过大量商船的不断往返运输来获得供给，维持生存。我们需要保卫不列颠群岛不受侵犯，因为德军随时能集结军队来攻打我们；同时，还要保卫不列颠群岛免遭致命的空袭，因为敌军随时能迅速将空军主力从东部调至西部。此外，我们还需要把我们的军队留守中东，并据守一条从里海到西部沙漠的防线。我们希望，这条战线的兵力能在1942年扩充到将近二十五个师（由英国、印度和各自治领的兵力组成），加上在这些不发达地区所需的额外后备人员及强大的空军，共约一百万人。这些军队的输送十分紧张，主要是因为大部分都必须绕开好望角，而这一周转使得船只耗时费力。如有必要，可详细解释此事。

6. 为保卫不列颠群岛，我们集结了两百余万人的兵力，而且还有约一百五十万人的国民自卫军作为后备军。但我们只有大约三百五十万支步枪，而且明年也只能获得十万支左右。在这支两百万人的军队中，野战部队占九十万人，其中包括二十个机动步兵师，九个机动性次之的州郡师或海滩师，六个装甲师（其中三个只是部分编成），还有五个坦克旅（至今只有一个完全编成）。我们正着手组建庞大的空军力量，这需要将近一百万人，现已有七十五万人入伍。海军已征得五十万名水手和海军陆战人员。造船业、飞机制造业、军需工业，及国内粮食生产和其他民用工业，这些行业的人力都已减至最少。由此可见，在这四千四百万人口当中，男劳动力和现有的妇女劳动力均已（或即将）达到极限。

7. 国内野战部队拥有一百一十万后备人员，若是将大不列颠空防力量、海岸防卫队、北爱尔兰驻防军、后备选拔的部队和军事训练学校、飞机场以及各薄弱地点的守卫部队都除去，则所剩无几了。

8. 我们已经提到国内的野战部队不足四十个师，想要超过这一数量是不可能的。而且，我们既要想方设法维持国内现有力量，还要为中东、印度和其他海外驻地供应新兵，如冰岛、直布罗陀、马耳他、亚丁、新加坡等。

9. 我们决不能让英国防卫入侵的军队少于二十五个步兵师和四或五个装甲师。有一点必须注意，即敌军可通过欧洲主要横向铁路线运送军队，而我们只能从海外调回，他们的速度远非我们所能及。因此，用于海外防御的师为数不多。

10. 我们计划1942年在中东组建二十五个英国师和帝国师，除此之外，我们还想组建一支由六七个师（包括两个装甲师）组成的远征军，这是我们所能设想的最大数量了。这支远征军目前正在筹建当中。即使有再多的兵力可供调用，也没有额外的船只运送他们，维持其海外生存。另外，关于英国决定派遣二十或三十个师进攻欧洲西海岸，或经海运派遣至苏联作战的想法，这些都毫无事实依据，必须对此解释清楚。

11. 如果可行，我们计划于明年春天从陆地上进行干预。我们已研究了一切可行之策，包括在苏联前线南北两翼展开行动。在北翼，我们计划对挪威进行一次远征，这将会引发一场暴乱，如果成功的话，就有可能使瑞典政府及其优良军队归顺我军。我们已仔细研究过这一计划。然而，我们却看不出苏联军队能起到什么作用；事实上，如果苏联进行干预，那将不可避免地引起瑞典的反抗。而芬兰，它早已宣布与我们为敌。

12. 我们可能不仅需要随时应对西班牙的敌对行动，还要防止德国入侵摩洛哥、阿尔及利亚以及西非。一旦法军在非洲奋起反抗，我们便可将现有军队派去支援他们。在这两种情况下，我们所走的海路航程都较短，不能与绕道好望角的遥远距离相提并论。

13. 中东是苏联的南翼，我们应将上述强大的军队部署在那里。一旦肃清了频繁活动于西部沙漠和昔兰尼加的德军和意大利军，那我们中东军队的行动便会比较自由了。不论是在高加索还是里海的东面，只要中东的军队加大对苏联的支援，我们就必须意识到他们的供给运输将会受阻于波斯湾的铁路和公路干线。而如果中东军队能够收复土耳其的话，那会是大功一件。这样一来，强大的土耳其军队不仅能够切断从德国通往叙利亚和埃及的道路，还能维持黑海海上防御的绝对优势，从而协助高加索防卫。不管怎样，土耳其所采取的行动都取决于我们不久之后对它做出的承诺，即土耳其参战后，我们答应给他们提供多少军队和现代化装备，尤其是在飞机场、坦克、反坦克炮和高射炮等方面。我们应向苏联人解释清楚，绝大部分的装备和军队无疑得从对苏联的援助中抽调出来，因为这是我们所能提供的一切支援了。可是，为了劝诱土耳其与我们并肩作战，尤其是在不久的将来，这值得英苏两国重新调整他们的安排。

14. 我们对波兰军队和捷克斯洛伐克军队在苏联的发展状况十分感兴趣，尽管捷克斯洛伐克军队人数不多，但我们乐意在装备方面提供帮助。应当指出的是，波兰人和捷克斯洛伐克人在美国有一些颇具影响力的团体。如果我们能将一部分装备拨给他们，那将会产生正面影响。

15. 苏联人肯定会问你们打算如何取得战争的胜利，我们应该这样回答："如同上次使得德皇体制崩溃一样，我们应坚持作战，直到纳粹体制崩溃方可罢休。"为了达成这一目的，只要我们处于有利的条件下，就绝不放过一个敌人。我们可以通过宣传的方式破坏他们的行动，通过封锁的方式压制他们的进攻，最重要的是，要通过日益增加的炸弹无休无止地轰炸他们的国家。上一次大战我们不清楚我们要如何及

何时取得战争的胜利，但我们始终永不言弃，决不懈怠，这让我们安然渡过了危机。在过去一年的时间里，我们在与德军和意军单独作战时也毫不畏缩，英国民众粉碎纳粹势力的决心也毫不动摇。诸如"纳粹暴政"和"普鲁士帝国主义"这些词汇只是我们用来说明我们的斗争目标，并不是表达我们对日耳曼民族有不能释怀的仇恨与谴责。我们同意苏联政府的看法，我们都希望将德国人从中分离出来，并孤立罪大恶极的纳粹政权。

16. 当然，我们无从得知美国将会采取什么行动。罗斯福总统及其政府已批准的那些措施，可能会随时使美国在不久的将来全面参战，或是先宣后战，或是不宣而战。那样的话，我们就有望于1943年对德国发起总攻了。如果德军士气锐减，团结性大为下降，对已征服的欧洲国家的控制也有所松懈的话，我们就有可能让大批装甲部队在几个已征服国家的海岸同时登陆，并大范围进行策反。英国参谋人员正对此计划进行研究。

1941 年 9 月 22 日

附录（5）

印度洋上的海军部署

——首相与海军大臣及第一海务大臣间的来往信函

首相致海军大臣和第一海务大臣：

1. 我们近期有可能会在印度洋上部署一支威慑分舰队。这种舰队的组成船只应最少但要最好。我们回忆一下，德国仅留一艘主力舰，即"提尔皮茨"号，来抗击我们十五六艘战列舰和巡洋舰，就给我们带来了无穷的紧迫感；那么，这支短小精悍的分舰队在东方海面上给日本海军带来的影响便可想而知了。只要有苏联舰队在，就几乎能肯定"提尔皮茨"号不会驶出波罗的海，因为唯有它能防止苏联在波罗的海占据优势。不过，如果所做的部署在短时期内不会有所变动，那我们就必须给总司令提供两艘"英王乔治五世"级和一艘"纳尔逊"级的战列舰。这样才能顾及突发事故、舰只改装和休假等情况。同时，还应给那片辽阔的海域提供一艘航空母舰，最好是（一艘）没有装甲的。

2. 最合算的部署是派遣"约克公爵"号，一旦它解决了结构上的缺陷，就将它通过特立尼达岛和西蒙斯敦派遣至东方。另派遣"反击"号或"声威"号及一艘快速的航空母舰加入"约克公爵"号。这样一来，这支强大的舰队就可以在亚丁—新加坡—西蒙斯敦这个三角地区露面，使得日本海军不敢轻举妄动。去往东方的航程安全漫长，"约克公爵"号可逐渐完成其适应过程。这样一来，本土舰队总司令便剩下两艘高效的"英王乔治五世"级战列舰。依我之见，派遣"威尔士亲王"号战列舰从其他地区出发，途中可能会遇上"提尔皮茨"号，虽然这种可能性不大；但就资源的利用上看，还是派遣"约克公爵"号更为经济适用，而且更见成效。

3. 我不赞同在现阶段将旧式"皇家"级战列舰派往东方。因为要在遥远的海域维持数量众多的舰只，需要将大批的人员运送过去，这会加剧人员配置问题。此外，这些旧式舰只很容易成为现代化日本舰只的猎物，既不能战斗也无法逃脱。然而，万一我们到了需要护航的地步（现在还不能确定，我觉得也未必有这个可能），这些旧式舰只有可能会派上用场。

4. 原则上，我赞成10月底之前在上文所说的三角地区部署一支快、强、精的分舰队，并同意将此想法告知美国人和澳大利亚人。美日谈判似乎还得拖延一段时间。美国人现在的说法是要九十天，而日本人则可能想乘机观望苏联的局势变化。

5. 如果可能，我们可将装甲航空母舰"胜利"号换为"皇家方舟"号，使其在地中海狭窄的海域服役，这总归是一件有利之事。而且我想你可能希望再用两艘战列舰来增强"H"舰队，其中一艘用"纳尔逊"号战列舰，另一艘用"反击"号或"声威"号。

6. 本土舰队总司令自然需要一艘航空母舰以供随时调用，最好是"皇家方舟"号。"狂暴"号需要执行运送飞机到塔科拉迪的任务。"胜利"号加入"H"舰队非常合适。这样的话，等剩下的"光辉"号、"无敌"号和"无畏"号一到，就与"鹰"号和"阿尔戈斯"号一同用于东方三角地区与地中海。年底，你们手头的战列舰就绰绰有余了。

请让我知道你们对上述内容的看法。

1941 年 8 月 25 日

海军大臣致首相：

请参阅随函附上的关于主力舰和航空母舰的部署意见：

1. 我们收到你的备忘录之前已经审查过了该问题，看了备忘录之

后又重新审查了一遍。

2. 关于部署意见，你和我们之间的主要分歧是关于"英王乔治五世"级和"纳尔逊"级战列舰的分配问题。我很清楚，派遣一艘完全适应的"英王乔治五世"级战列舰前往印度洋的确会对我们有利，但经过深思熟虑之后，我并不建议这样做，理由见本备忘录。

3. 我认为在未完成适应过程之前，不应将"英王乔治五世"级战列舰派往国外，理由如下：

（1）一艘舰艇除非能够任意利用一切必要的训练目标，否则无法适应。

（2）一艘舰艇如果没有经过连续不断的适应性训练，就不可能真正地恢复原来的效能。

（3）战列舰机械和电子装置错综复杂，而百分之六十的船员都没有出海经历，故而出现不当操作的情况在所难免。因此，适应训练的地点应选在靠近造船厂的地方，这一点至关重要。

4. 遗憾的是，我们没能尽早重新分配主力舰，不过大量的舰只处于修复或改装状态，我们也无法进行。只要"俾斯麦"号和"提尔皮茨"号都在海上，我们就不得不推迟改装工作。

5. 航空母舰方面的情况也不容乐观，但这是因为"光辉"号和"无敌"号在作战中遭到破坏，"狂暴"号和"皇家方舟"号必须进行重大改装。

1941 年 8 月 28 日

主力舰和航空母舰布置情况

说明：舰只名称后括号内的日期为该舰抵达停泊地点的日期

最后要达到的部署情况

	主力舰	航空母舰
本土舰队	两艘"英王乔治五世"级（9 月 3 日）； "马来亚"号（9 月 21 日）	"胜利"号（目前）； "狂暴"号（2 月）

续表

	主力舰	航空母舰
"H"舰队	一艘"英王乔治五世"级（9月）；	"无畏"号（11月）
地中海	"伊丽莎白女王"号（目前）； "英勇"号（目前）； "巴勒姆"号（目前）； "黄蜂"号（1月末）；	"光辉"号（1月） "无敌"号（2月）
亭可马里	"纳尔逊"号（11月末）； "罗德尼"号（1月末）； "声威"号（1月中）	"英雄"号（目前）； "皇家方舟"号 （1942年4月）； "无畏"号（应急）
印度洋运输 船队护卫队	"复仇"号（9月中）； "皇家"号（目前）； "拉米伊"号（12月中）； "决心"号（1月初）	
后援军	"反击"号	

拟议"最后部署"的理由如下：

本土舰队和"H"舰队：

1. 大西洋海域是军事要地，因为如果在或只要在那片海域吃了败仗，我们就有可能输掉整场海上战役。

2. 只要有"提尔皮茨"号，我们就有必要让两艘"英王乔治五世"级战列舰协同工作。

3. 由于"英王乔治五世"级战列舰和"纳尔逊"级战列舰的速度不同，让这两艘战列舰联合行动的效果不佳。

4. 想要随时有两艘"英王乔治五世"级战列舰可供使用，就要保证在本国海面上有三艘这种战列舰，这样一来就算其中一艘因鱼雷、炸弹或水雷而受损，或进行改装也无大碍。

5. 我们认为可将第三艘战列舰派遣至位于直布罗陀的"H"舰队，无须将这三艘战列舰都停泊在斯卡帕湾。

6. 若"提尔皮茨"号真的突破重围，它会让我们在北大西洋的

贸易极度瘫痪，因此，我们务必要迫使其尽快作战，而且还要让所有的"英王乔治五世"级战列舰都加入战斗。

7. "H"舰队的主力舰不仅要能够抵御空袭，还要行动迅速。但只有"英王乔治五世"级战列舰才同时具备这两个条件。

8. 将"马来亚"号战列舰分配给本土舰队，因为除"英王乔治五世"级战列舰之外，我们在大西洋上还需要另一艘战列舰来执行下列任务：

（1）护送重要的运兵船队。

（2）在紧急情况下掩护西经二十六度以东的运输船队。

（3）必要时支援"H"舰队在地中海西部作战。

9. （1）"皇家方舟"号并未显示在该部署中，因为它必须进行改装，要等到1942年4月才可使用，所以暂由"无畏"号代替。

（2）"鹰"号也未显示在该部署中，因为它必须留在本国海面，为进行"香客"作战计划（占领加那利群岛）做准备。

在亭可马里的舰只：

10. 建议将"纳尔逊"号、"罗德尼"号和"声威"号派至亭可马里或新加坡，理由如下：

（1）"纳尔逊"号和"罗德尼"号最终或将成为东方舰队的一部分，但能否成立这支舰队要视巡洋舰尤其是驱逐舰的情况而定。

（2）东方舰队成立后，"纳尔逊"号和"罗德尼"号将成为"皇家"级战列舰最有力的后援，而且这两者的组合也是我们目前所具备的速度最为接近的舰队。

（3）我们在远东成立的舰队要能够对抗日本可能派至南方的强大舰队，但在那之前，我们必须要阻止日本在印度洋的行动。

我们想通过派遣主力舰来护送我们在印度洋的运输船队，以此来阻止日本人派遣战列舰至印度洋。同时，我们还想通过派遣一艘战列巡洋舰和一艘航空母舰至印度洋，以此来阻止日本人派遣装备八英寸火炮的巡洋舰至印度洋，并攻击我们在该区域的往来船只。

我们认为用"英王乔治五世"级战列舰来替换上述任何一艘战舰

都不会增加额外的保障，因为"英王乔治五世"级的速度赶不上日本装备八英寸口径火炮的巡洋舰，更何况它离开本国海域还会有许多不利之处。

（4）如果对日战争还未爆发，我们应在第一时间将"纳尔逊"号、"罗德尼"号、"声威"号以及那艘航空母舰派至新加坡，这或许更为可取，因为这样一来它们便能组成一支更为强大的舰队，并起到威慑敌军的作用。如果对日战争爆发，它们就不得不退至亭可马里。这要视具体情况而定。

（5）由于"皇家方舟"号需要进行改装，所以在 1942 年 4 月之前无法派出一艘大型航空母舰加入该舰队，除非我们将"无畏"号从"H"舰队撤出。

印度洋运输船队护卫队：

11. 建议立即将四艘"皇家"级战列舰派遣至印度洋，理由如下：

（1）他们已不再需要护送北大西洋运输船队。

（2）它们终将成为东方舰队的一部分，但在那之前，还是将它们停泊在能免遭空袭和德国潜艇袭击的海面上更为可取。

（3）利用它们来护送运兵船队，可以缓解巡洋舰的紧张状况。

（4）将四艘"皇家"级战列舰派至印度洋，加之"纳尔逊"号、"罗德尼"号和"声威"号，这将在一定程度上满足澳大利亚和新西兰增援远东的愿望。

增援印度洋防务的临时部署

"英王乔治五世"号在 9 月 3 日才能再次调用，在此之前，必须将"反击"留在本国海域。"反击"号将护送 W. S. 第十一号运输船队，之后于 10 月 7 日抵达亭可马里。

首相致第一海务大臣：

1. 在印度洋上建立一支数量可观的舰队绝对是错误的部署，这不仅耗费了大量的人力和维修成本，而且该舰队还是完全由一些航行缓慢、行将废弃的旧式落后的舰只组成，这些舰只既不能同日军主力舰

队作战，也不能单独或成对地用作突击舰，或威慑日本现代化的快速重型舰只。这种部署可能是出于形势所迫，但其本身却不合理。

2. 四艘"皇家"级战列舰来执行护航任务，这正好能对抗敌军大炮口径为八英寸的巡洋舰。但假若敌人对我们的总部署无所畏惧，还是单独派出一艘快速的现代化战列舰进行袭击，那我们所有的这些旧式舰只及其护送的运输船队都会成为敌人的囊中之物。根据"皇家"级战列舰目前的状况，它们将会沦为漂浮在海洋上的一具具棺木。为了能让"皇家"级战列舰在印度洋和太平洋合理地执行护航任务，就必须派出一两艘快速的重型舰只，使敌人不敢贸然派出单独的重型突击舰，以免遭到袭击。我们应反复强调海军战略的精髓，以少数最为精良的舰只对付敌人的优秀舰队便是其中之一了。

3. 海军部本身对"提尔皮茨"号非常担心，这说明我在我的备忘录中冒昧提出的部署计划还是有效的。"提尔皮茨"号此刻对我们所造成的影响，正是位于印度洋的"英王乔治五世"级战列舰将会对日本海军所产生的影响。它会引起对方的恐惧感，这种恐惧感捉摸不定又无处不在，并会立即威胁到各个地方。同时，它出没无常，会直接引起对方的反抗与忧虑。

4. 事实上，海军部认为必须用三艘"英王乔治五世"级战列舰来牵制"提尔皮茨"号，这正是我们在设计最新式舰只时需要重点思考的地方。这些新式舰只火力不足，并且由于战舰中部有飞机库的缘故而削弱了战斗力，因此，可以断定它们无法与敌人的同等级舰只单独作战。然而，虽然我承认这一点，但我不认为将三艘"皇家"级战列舰留在大西洋的提议是合理的。因为我认为：

（1）或许我们现在可以依赖美国方面的部署；

（2）如果"提尔皮茨"号出来，航空母舰是有能力对付它的。只要有苏联舰队在，"提尔皮茨"号就不大可能从波罗的海撤离；再者，德国人对"俾斯麦"号及其供应船的下场肯定仍历历在目。将"提尔皮茨"号派出来简直是愚蠢至极！因为将它留在原处，不仅能牵制着我们三艘最强大以及最新的战列舰，还能控制波罗的海。所以，我觉得我们在大西洋派遣了过多舰只，而且自战争以来，我们在大西洋的耗费是其他任何地区都无法比拟的。

5. 最能将"皇家"级战列舰物尽其用的做法是：即使时至今日，我们还是应给它们重新安装装甲板以抵抗飞机的袭击，并将它们组成一支航行缓慢的分舰队，这可让我们重新获得通行地中海的能力和不定期防卫马耳他岛的力量。

6. 我必须再补充一点，我认为日本已全身心投入对中国的战争，他们此时无暇应对由美英苏三国组成的联合战线。日本极有可能会与美国进行为期至少三个月的谈判，在此期间，他们不会进行任何侵略行动，也不会积极加入轴心国。我所提到的那支舰队的出现，尤其是"英王乔治五世"级战列舰的出现，将会使日本在行动上达到空前的踌躇犹豫。那支舰队确实能够成为一种决定性的威慑力量。

1941 年 8 月 29 日

附录（6）

供中东地区作战的坦克

首相致陆军大臣和军需大臣：

我们的部队一共拥有一千四百四十一辆供步兵和巡逻兵使用的坦克，其中（国内有）三百九十一辆坦克"不宜作战"。这样的坦克太多了，只要我们采用类似去年空军采用的维修安排，我确信我们可以减少"不宜作战"坦克的数量。

请你们集体讨论一下，并向我提交一份关于加快维修工作的计划书。不能作战的坦克绝对不可以超过我国坦克总数的百分之十。尤其是在准备工作即将到来的关键时期，我们更要将"不能作战"坦克的数量控制在百分之十以内。

1941 年 7 月 11 日

首相致陆军大臣：

你在 1941 年 7 月 15 日的工作备忘录（关于维修国内坦克的工作安排）上提到一些要求，你认为假如这些条件都得到满足，那么我们的未来会顺利很多。为了满足迫切需要，只要是切实可行的工作，我们都会尽力去做，但主要还是靠你们的实际行动和优良的管理。这个月以来，我们仍然有百分之二十五的不能使用的步兵坦克，并且四百辆巡逻坦克中就有一百五十七辆不能作战，这让我十分惊讶。我相信你们会有一大堆理由来解释这样的工作失误，但是工作没做好就是没做好，这是不容争辩的事情。

请不要让公众觉得你是对这个结果满意的。如果你一味地为自己辩解，那么工作就谈不上有任何改进了。

1941 年 8 月 19 日

首相致空军大臣：

你在 8 月 6 日的会议备忘录上表明，目前空战中对坦克威胁最大的武器当属"杰弗里斯"式炮弹，同时我很高兴你已经订购了五万板这样的炸弹。

据我所知，这类武器适用于普通轻型炮弹装置，可立即投入战斗使用；同时，为了立即使这种炮弹供应充足，我赞同推迟生产黏性炸弹和一部分迫击炮弹。假如我们制定好战术，飞行员训练有素，我们在实战中就有可能如第一次演练般有明显的进步。为此，我们应立即使用炸弹模具和挑选一批飞行员，对地面目标进行多次模拟训练。如果我们能达到预期的进步，那么我们要立即研究能否早日将已进行过模拟训练的飞行员连同足够的炮弹运送出去。

另外，请考虑苏联是否可以迅速生产这种炮弹；如果有可能，请将详情告知苏联。

1941 年 8 月 27 日

*　　*　　*

（即日办理）

首相致军需大臣和帝国总参谋长：

1. 有时，我们要长远地看问题。德军进攻了利比亚，其坦克装上了六磅的重型炮弹，所以我认为他们有可能会击穿我们的普通步兵坦克。德军在敦刻尔克得到了该种武器的样品，他们也缴获了一些巡逻坦克；因此对他们来说，造出一些击败我们的坦克的武器，并不是什么难事。

2. 我正努力地长远看问题，争取派遣高山部队前往挪威，并派遣坦克部队在利比亚突袭敌军。结果可能是遭受众人阻挠，三四个月后我们想要采取行动时，我们也许还如往常一样遇到极大阻力。但是，我们最迟在 1 月份或者 2 月份，就要将不少于一百辆适合沙漠作战的 A22 型坦克运送到战场。如果要这样做的话，那么就要为适应沙漠作战条件对坦克进行微调。坦克进行最后改装时，为何不顺便进行微调呢？除非埃及人当场试验，否则他们绝不会相信这些坦克适于沙漠作战。我们可以用飞机将国内做的各种坦克零件运过去，也可以发电将说明书内容发过去。但与其这么做，不如我们等到 1942 年初将两辆坦克运送过去，到时候尼罗河当局定会先进行一番批评，再试验坦克，届时还能发现一大堆新的缺陷。

3. 我要求你们做到以下几点：这两辆坦克须连同数量相当的技术人员和配套零件一同运出；这些技术人员要随时跟进国内所做的坦克技术改进，与此同时，要让他们处理"适用沙漠作战"的相关技术问题，并向我们报告其所做的改进工作。我原本同意这两项工作在国内进行，但是如果是这样的话，要等到 1942 年才能完成，届时还须在中东重做一遍。所以，我认为我原来的想法是正确的。

此事如需帮忙，尽请告知。

1942 年春季，除了中东地区，这些改良的坦克还将用于何地作战？

这两辆"丘吉尔"式坦克于 9 月底运往中东地区，并于 12 月 12 日抵达目的地。奥金莱克将军曾经允诺会密切关注坦克在沙漠里的测试，25 日我接到他的电报，内容实在令我吃惊：

"这两辆坦克就这样安置在凹形的船板上，既没有遮盖，也没有锁好，坦克被海水腐蚀了。我们收到这两辆坦克时，发现其底部都有积水，坦克板壁上的铁锈迹就高达九英寸。"

"电气和无线电装置受损严重，需要花上十四天进行专门处理才能开动坦克。运送和装载方式让人十分不满。所有美国坦克运出时，一切缝隙和门都贴上了保护的带子……"

我立即要求辛格尔顿法官就此事展开调查。1942 年 3 月 10 日，他给我回了电报："本案揭露了我们管理失当，且失当程度惊人。"坦克就这样露天安置在甲板上，板壁未过漆，门也没有锁上，甚至没有防水布遮盖。"造成这样的损失，"他说，"是因为没有正确装载。如果运送途中配备两个装载师，那么大部分损失本来是可以避免的。"无疑，我和比弗布鲁克勋爵就是这样要求的，陆军部也是下令要求这样做的。辛格尔顿法官说，这很难追究是谁的责任，因为陆军部中与此事相关的将军已经去世了。他还说："先前的安排莫名其妙地就发生了改变，具体情况难以查明。9 月 15 日，制造工厂的总经理和少将在萨沃伊饭店的一次餐会上相遇，当时那个总经理问少将是否需要派装配师乘飞机前往中东，以便他们在那里随时跟进坦克改良工作。随后，那个少将指示军需部安排了两名装配师乘坐飞机前往地中海，而非随船同行。"

　　当时，制造工厂并没有派一个人来监督坦克装船。港口军械官并没有到坦克内部去看，因此对坦克的情况也是一概不知。当时军械官曾进过其中一辆坦克的内部，发现里面并没有"上好油漆"，但并没有向任何人汇报此事。

　　可是调查结束的时候，战事已经开始了。1942 年 6 月 1 日，我给伊斯梅将军的备忘录中写着："要不是我太忙，我一定会揪出那些害群之马，好让他们得到惩罚，以儆效尤。"

1941 年 8 月 27 日

＊　　　＊　　　＊

（即日办理）

首相致伊斯梅将军：

　　请帮我及时核对并强调以下各要点，以备今晚开会所用。

　　1. 中东发来的电报内容要特别说明一下。奥金莱克将军说，他原本期待在 9 月份就能收到那一百五十辆坦克，实际在 10 月 4 日至 14

日才抵达。实际上，这些坦克于 10 月 2 日或只比他预期的日期晚几天抵达。卸下这些坦克花费了十二天的时间。然后发生了什么事？我们听说，这些坦克为适宜沙漠作战被拆分，前轴也得到了加强。如今我们知道，加强车轴并不是必要的，并且加设适合沙漠作战零件若是以部门为单位，只需要一两天的时间。然而，我们不知道中东方面做了什么。难道他们已经拆分了这些坦克，并接驳车轴了？若果真如此，那么他们之前说的延迟三周时间就是不可避免的了，尽管这样的过程毫不必要。可是为什么没有相关人员一同前往，以便向那里的人说明情况呢？

2. 通过其他电报和讨论，我们知道一个装甲旅或者装甲师需要一个月来使用新车练习发射和进行联合演练。这样的做法到底适不适合第二十二装甲旅？他们在出发前需不需要用这些改良的坦克进行训练？我认为他们会提出需要进行其他额外沙漠演练的要求，这也合情合理。

3. 但是，如果这一百五十辆坦克于 10 月 14 日才全数到达，然后再花上三周的时间将这些坦克改造成适合沙漠作战，那会拖到 11 月 7 日才能最终完成改造工作。军队使用这些坦克进行演练，或者在其指挥官的指挥下作战的这一个月或者不出一个月内的时间里，我们要做何安排？如今，将我们了解到的事情拼凑起来，即使是经过修正，我们的计划也是站不住脚的。我们必须查明以下三点：（1）在机械方面，我们已经做了何种工作或者是正在做何努力，以及现阶段这一百五十辆坦克的状态如何。（2）陆军部将有关车轴方面的电报发过去之后，他们是否有改进处理方法，能否缩短日期。（3）第二十二装甲旅的沙漠训练时间是多久。

请您向我说明以上三点情况，并且务必给我发回电报，以供我今晚考虑。

1941 年 10 月 21 日

首相致伊斯梅将军：

请你将剩余第一装甲师的详细情况写一份报告给我。他们何时抵

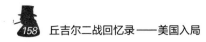

达？他们的坦克情况如何？这些坦克是否适合沙漠作战？这些坦克的车轴如何？他们的训练效果如何？有何办法可以加速训练和装卸工作呢？

1941 年 11 月 24 日

＊　　　＊　　　＊

我将这些细节刊印在这里，就是为了说明，虽然我们花了很多工夫，也知道必须要完成此事，而且还遇到热心的帮手，但是，想要顺顺当当地完成此事，仍旧困难重重。

附录（7）

有关海军工作的指令和备忘录
1941 年 3—12 月

一直以来，我对新型战舰的火力问题倍感兴趣。在前文中，我曾总结了 1937 年我和海军部的讨论内容，当时，类似"英王乔治五世"级战列舰的设计正在审查当中。依我看，那五艘战列舰安装的大炮实在是太少了。在此之后的四艘"雄狮"级战列舰原本打算安装十六英寸口径的大炮，前两艘战列舰在战争爆发前就已建好，但所有的建设于 1939 年 10 月停工。1941 年 3 月 7 日，我在指令中重新提起了这个问题，由于其他项目的迫切需求，我在这项指令中阐述了关于海军战舰建设的基本想法。

1941 年海军造舰计划
——国防大臣指令

1. 海军造舰计划一直贯穿着整个战争过程，所有船台都从未停工。然而，海军部若是将其建造新舰的需求列出一个总清单，请求内阁政府批准他们的政策，那么此时则是最方便的时候了。

2. 我们要用我们的资源尽可能地建造可供反潜艇、扫雷、反击鱼雷艇和进行袭击性登陆的一些小型舰只；没有谁会质疑这个举措。不过，小型舰只在建造过程中必须始终坚持一项原则：设计简易、施工迅速、注重数量。无论如何，驱逐舰的建造过程不能超过十五个月。

我从海军部军需处长那里得知，除非敌人采取行动或者是我们的工人罢工，否则四十艘舰艇可以如期交货。

3. 现阶段，我们不能继续建造那些在1942年无法完成建造的舰只了。不过，"雄狮"号和"鲁莽"号还需要继续建造，"征服者"号和"怒喝者"号的设计工作也要尽快完成。现在开始建造那四艘在1940年设计的重型巡洋舰也已不可能了。因此，我们只能尽力完成那三艘"英王乔治五世"级战列舰以及1941年规划的那三艘轻型巡洋舰。据了解，以上这两种战舰都可以在1942年完成建造工作。另外一艘浅水炮舰也可以在1942年底完工，因为大炮已经准备好了。

4. 完成"胜利"号、"无畏"号和"不屈"号的建造工作后，因为商船和作战舰队的修理工作需要大量的劳动力，所以我们不可能再建造新的航空母舰了。因此，1944年之前，这种新航空母舰是怎么也建不了的。

5. 海军对钢铁的需求可根据上述情况加以调整，以此满足陆军制造坦克的计划，所以1941年海军对钢铁的使用量以一万六千五百吨为限，1942年以二万五千吨为限。目前无须建立新的钢铁厂。

6. "先锋"号不适用以上原则，这艘舰可在1943年完成，也是我们在1945年前想方设法获得的唯一一艘主力舰。"先锋"号的大炮和炮塔已经准备妥当，故只要不超过第五段中关于甲板供应的限制，那么加快建造速度也是可以接受的。

7. 以上的一切工作都不应影响任何延期建造舰只的制图工作和设计工作。

8. 由于维修舰只需要大量劳动力，那么1942年建造的商船吨位可以从一百二十五万吨减至现在计划的一百一十万吨；现阶段，我们不会再继续建造任何在1942年无法完工的商船了。1942年，我们需要指望美国在造舰方面接济我们。

9. 我们将于1941年9月1日对所有的重型舰只进行验收，验收的两个标准是：

（1）太平洋战役的情况；

（2）美国与战争的关系。

1941 年 3 月 27 日

首相致海军大臣、第一海务大臣和海军部军需署长：

1. 对于之前提议的"雄狮"号和"鲁莽"号的设计，我十分感兴趣。请告知我这两艘舰的总体建造情况如何，以及设计图纸是否完善。

2. 必须要牢记，那五艘"英王乔治五世"级战列舰所出现的明显缺陷不能出现在这两艘战舰上，那些明显缺陷是：

（1）不用我们多次试验过的十五英寸口径的大炮，而改用十四英寸口径的大炮。

（2）因在船体中部设置停机坪而损害了船体结构。仅为了两架低质量的飞机，曾经在"纳尔逊"号和"罗德尼"号上发挥很好作用的炮台就被弃之不顾了。

假如船体中部有四十英尺宽的话，那么就必须在这重要的部位配备重量相当的甲板；反之，如果根据船头和船尾之间尽量配备较少掩护物的这种原则，此举实乃缺乏远见。如果在船的中部打开这个空隙，那一千或一千五百吨铁甲可能就会无处安放。

3. 我十分希望，"雄狮"号和"鲁莽"号上的三个三联装炮塔配备了九门十六英寸口径的大炮（其中六门是直接朝前方发射）。后方的这三个炮塔应围作一圈，以此形成包括烟囱和指挥塔在内的中央炮台，并且可以掩护炮塔、军火库和重要动力舱段。如果我们可以做到以上所述，我们就应当（在水下）安装一层装甲，并使其尽可能伸向前方。可能的话，一直伸向舰首，以便在舰首受伤后保持航速。

4. 战舰的甲板可起飞两架战斗机，这看起来虽然很先进，但牺牲其余部分的代价比这一点点的进步大得多。一两架飞机或许可以从一艘配有上述炮台的舰船后方甲板上起飞，但是我们绝不能为了实现这个目的而彻底地毁了原来的设计方案。一艘如"雄狮"号或"鲁莽"号级别的主力舰，必须依赖一艘可以互相配合的航空母舰，或者至少需要一艘可以供飞机起飞的巡洋舰。不过，无论如何我们都不应为了方便飞机起飞而牺牲战舰。

5. 我很期待这两艘战舰可以按照目前规划的时间抓紧建造。然而，在最后的计划确定之前，我们有必要召开一次海军军官会议，参会人员应包括在"英王乔治五世"号和"威尔士亲王"号上服役过的前任以及现任海军司令官。"阿里苏萨"号的精良设计就是1911年冬天海军将领会议上的讨论成果，当时的会议是在我的指示下召开的。

请让我了解你们的想法。

第一海务大臣证实，这两艘战舰上的三个三联装炮塔可以装备九门十六英寸口径的大炮，设计方面已经和总司令商讨过了。他坚定地认为在"英王乔治五世"级上辟出飞机库空间并不会影响炮塔的功能。这些空间必须要考虑对机器舱的掩护，这些舰只的机器舱空间要比"纳尔逊"号的大得多。

我们已经认真思考了关于"雄狮"号和"鲁莽"号重新建造的工作，但是我们决定放弃，理由如下：

（1）建造炮塔会影响高射炮设备和海防大炮炮架的产量。

（2）对钢铁的需求会大大降低坦克的产量。

（3）该类战舰的需求量会使造船厂的劳动量增加。

最后决定放弃这个计划是基于一个事实，即我们不太可能在战争时期完成这些战舰的建造。因此，我们放弃了重修那些战舰的念头。

我急切想知道，"英王乔治五世"级的建造工作与同时期美国建造的战舰相比，情况如何。

1941 年 8 月 16 日

首相致第一海务大臣：

那五艘"英王乔治五世"级战列舰的三个三联装炮塔上没有装备十六英寸口径的火炮，我对此感到懊恼。如果现在还讨论这个问题就是空谈，并且无济于事。尽管如此，过去的三十年里我一直沉溺于这个问题，所以我很想知道，关于"英王乔治五世"级同时期的美国战

舰的建造情况，海军部了解多少。斯塔克海军上将告诉我，美国战舰用的只是三个三联装炮塔。当我向他问起有没有超过三万五千吨上限的时候，他说："没有超过那个上限，但是他们放弃了原本用作改变风向的那五百吨材料。"

你在海军部了解到的任何关于美国战舰的情况，都请告知我。

请告诉我，他们是如何设计飞机库的；并且关于火力不足的问题，"英王乔治五世"号的动力和结构优势是否可以做些弥补。

第一海务大臣答复，与我军战舰相当的美国战舰（例如隶属美国海军部队的"北卡罗来纳"号）主炮较重，而副炮则比较轻。英国战舰注重掩护措施，航行速度也较快。他觉得英国将两架飞机停在战舰中段的方法比美国将飞机停放在舱外的两个飞机弹射器上要好得多。我在 9 月 22 日的备忘录中继续和他讨论了此事；10 月 2 日他回复了我。

1941 年 9 月 1 日

首相致第一海务大臣、海军部军需署长和海军建设局长：

1. 我自然是特别赞成全力加固战舰的，因此得知我们所用的铁甲比他们的战舰多一千三百七十吨，并且船身比他们的重七百九十吨时，我感到十分欣慰。加强装甲带和舰首的好处多多。不过，我仍旧不相信，在舰体中段（非舰尾）加设停机坪不会浪费优质铁甲，也不会影响"炮台"的作用，而战舰的作战和航行正是依靠这种作用。我希望在其他文件中，这个问题可以得到进一步探讨。

2. 与美国战舰相比，我们的战舰船身更长，船舱更紧凑，吃水更深。我认为这样的设计会使战舰速度更快。

3. 对于铁甲的使用，我们已经比条约规定的重量超过了一千七百五十吨，反观配备十六英寸口径火炮的美国战舰，或者没有超过限重或许只是超了二百吨。这个消息可靠吗？

4. 我们战舰的高射炮配备二十门五英寸口径的火炮，副炮则配备十六门五点二五英寸口径的火炮，之所以这样设计，都是事出有因。

实际上，大多数人更加愿意安装更多炮位，以此应付来自四面八方的空袭。

5. 如果我们将这九门十六英寸火炮和那十门十四英寸火炮比较的话，我们心里或多或少会感到难过。这九门十六英寸的火炮，每发炮弹重二千七百磅，共计二万四千三百磅。而这十门十四英寸的火炮，每发炮弹重一千五百九十磅，共计一万五千九百磅。

6. 德国人在"俾斯麦"号的四个炮塔上装备了八门十五英寸口径的火炮，而我们则是另一个极端，在战舰上安装了三个炮塔，其中两个是四门炮的，不过炮的口径不大。美国方面则是采取了介于德国和我们之间的方式，也许是恰到好处，其战舰也具有最强的火力。

1941 年 9 月 22 日

第一海务大臣致首相：

对于您所提出的各个问题，我会在每段附上一些意见。

美舰"北卡罗来纳"号和英舰"英王乔治五世"号

1. "英王乔治五世"号的中部为飞机留出空间，这个办法在"雄狮"号和"鲁莽"号上再次得以采用。这些空间有五十五英尺长，给人一种空旷的感觉，但实际上，装甲甲板下方的炮台里一点也不空旷。从"A"炮塔前端到"Y"炮塔后端的空间几乎全部被弹药库、炮弹房和动力舱占用，且这些东西都有重甲保护。如果要把飞机移走，这些铁甲装在别处也无用处。

2. 这一点已经得以确认。

3. 我们原本计划将"英王乔治五世"号建成一艘标准排水量三万五千吨的战舰，但在建造过程中，我们做了一些改变，添加了一些设备，并且有些设备（主要是火炮）的预计重量不符合要求。所以这艘舰建好后，超重一千七百五十吨。

那艘美国战舰建好后，也许会超重。不过，若是我们同意报告中的船身尺寸以及防护铁甲，那么我们预计其标准排水量为三万五千二百吨。

4. 如果要在这艘美国战舰上装备数门十五英寸的火炮，那么我们就不能在上面装备近程高射炮了。

5. 我基本同意以上意见。原本"英王乔治五世"号计划配备十二门十四英寸口径大炮，但是因为要装防护铁甲，所以要少装两门火炮。十四英寸火炮的发射速率要稍微高一点。

6. "俾斯麦"号的标准排水量预计为四万一千一百五十吨。看样子，只要美国人喜欢，他们就能设计一艘配备了十六英寸火炮，排水量达到四万五千吨的战舰，相当于"艾奥瓦"号的排水量。

1941 年 10 月 2 日